그림으로 보는

가장
쉬운
중국어
회화

Hajimeteno Chugokugo Ryoko kaiwa by Qu Wanqin
Copyright ⓒ 2005 by Qu Wanqin
All rights reserved
Original Japanese edition published by ASK Publishing Co.,Ltd.
This Korean edition published by arrangement with ASK Publishing Co., Ltd.
Korean edition copyright ⓒ 2016 by Nexus Co., Ltd.

그림으로 보는 가장 쉬운 중국어 회화

지은이 곡완금(曲婉琴)
펴낸이 안용백
펴낸곳 (주)넥서스

초판 1쇄 발행 2010년 4월 10일
초판 3쇄 발행 2015년 1월 10일

2판 1쇄 발행 2016년 2월 5일
2판 2쇄 발행 2016년 2월 10일

출판신고 1992년 4월 3일 제311-2002-2호
04044 서울시 마포구 양화로 8길 24
Tel (02)330-5500 Fax (02)330-5555

ISBN 979-11-5752-663-5   13720

저자와 출판사의 허락 없이 내용의 일부를 인용하거나
발췌하는 것을 금합니다.

가격은 뒤표지에 있습니다.
잘못 만들어진 책은 구입처에서 바꾸어 드립니다.

www.nexusbook.com

넥서스CHINESE는 (주)넥서스의 중국어 전문 브랜드입니다.

그림으로 보는

가장 쉬운 중국어 회화

곡완금 지음

넥서스CHINESE

머리말

최근 몇 년, 중국에 대한 관심이 점점 늘어남에 따라 중국어를 배우고자 하는 분들이 급속히 증가하고 있습니다.

이 책은 중국어 초보자가 단기간에 확실히 외울 수 있는 표현들 위주로 구성되었으며, 다양한 사진 자료를 통하여 중국의 생활 습관 및 문화를 쉽게 느낄 수 있도록 하였습니다.

특히 중국어 초보자가 가장 어렵다고 느끼는 '중국어의 성조를 어떻게 공부할까', '어떻게 발음을 외울까'에 연구를 집중하였고, 그 결과 중국 아이들이 병음을 외우는 교재를 응용해서 풍부한 일러스트와 사진으로 장면을 떠올리며, 발음과 단어가 자연스럽게 연결될 수 있도록 하는 방법을 고안하여 사용했습니다. 그리고 중국어를 지도했던 경험으로 알게 된 '4색 병음 학습법'도 활용하였습니다.

회화 단문은 네이티브가 일상생활에서 사용하고 있는 '살아 있는' 표현, 더 나아가 여행 상황에서 바로 쓸 수 있는 문구로 이루어져 있습니다.

〈그림으로 보는 가장 쉬운 중국어〉가 다른 나라에 처음 발을 디딜 때의 불안을 불식시키고, 더욱이 중국과 중국어에 한 발 더 다가서는 일에 도움이 된다면 그것만큼 기쁜 일은 없을 것입니다.

여러분이 이 책을 통해 중국어 회화에 도전하실 수 있기를 바랍니다.

목차

머리말 •05
목차 •06
이 책의 특징과 사용법 •08
이것만 외우자! 핵심 표현 50 •10
준비편(1) 중국어의 기초 지식 •14
준비편(2) 중국어의 발음 •16
준비편(3) 중국어의 기본 문형 •24

PART 1 처음 만나다 初次相见 chūcì xiāngjiàn

01 첫 만남 인사 •28
02 체류 기간 묻기 •32
03 숙소 도착 •36
04 방 번호와 전화번호 •40
05 감사 인사 •44
06 약속하기 •48
실력 다지기 •52
관련 표현_ 한국인의 주요 성(姓) •53
이럴 땐 이런 말_ 공항편 •54 호텔편 •56

PART 2 친구 되기 成为好朋友 chéngwéi hǎo péngyou

01 아침 인사 •60
02 외출 준비 •64
03 환전하기 •68
04 가는 방법, 걸리는 시간 •72
05 외출하기 •76
실력 다지기 •80
관련 표현_ 외래어 표현 •81
이럴 땐 이런 말_ 환전편 •82 우편편 •84

PART 3 추억 만들기 留下美好记忆 liúxià měihǎo jìyì

01 입장권 구매하기 •88
02 명소에 대해 질문하기 •92
03 사진 찍기 •96
04 지도 구매하기 •100
실력 다지기 •104
관련 표현_ 길에서 볼 수 있는 간판 •105
이럴 땐 이런 말_ 관광편 •106

05 식사 초대하기 • 110   **06** 식사 예약하기 • 114
07 주문하기(1) • 118   **08** 주문하기(2) • 122
09 주문하기(3) • 126
실력 다지기 • 130
관련 표현_ 베이징의 간식 • 131
이럴 땐 이런 말_식사편(1) • 132
10 식사법 질문하기 • 134   **11** 개인 접시 부탁하기 • 138
12 식사 중 트러블 • 142   **13** 먹은 감상 말하기 • 146
14 지불하기 • 150
실력 다지기 • 154
관련 표현_ 길가의 풍경 • 155
이럴 땐 이런 말_ 식사편(2) • 156
15 버스, 지하철 타기 • 158   **16** 택시 타기 • 162
17 술 마시러 가기 • 166   **18** 경극 관람하기 • 170
19 안마 받기 • 174
실력 다지기 • 178
관련 표현_ 몸이 안 좋을 때 • 179
이럴 땐 이런 말_ 교통수단편 • 180   오락편 • 182

PART 4 다시 만날 것을 약속하다 相约再会 xiāngyuē zàihuì

01 가게 찾기 • 186   **02** 상품에 대해 질문하기 • 190
03 치파오 구매하기 • 194   **04** 할인 받기 • 198
실력 다지기 • 202
관련 표현_ 사전 찾는 법 • 203
이럴 땐 이런 말_ 쇼핑편 • 204
05 취미 질문하기 • 206   **06** 중국에 대한 느낌 말하기 • 210
07 한국 소개하기 • 214   **08** 재회 약속하기 • 218
실력 다지기 • 222
관련 표현_ 편지 쓰는 법 • 223
이럴 땐 이런 말_ 커뮤니케이션편 • 224   귀국편 • 225

이 책의 특징

'4색 병음 학습법'이라는 것은 중국어의 발음 기호 '병음'을 성조별로 색으로 구분하여 알기 쉽게 외우는 방법입니다. 4개의 성조를 [mā má mǎ mà]처럼 분홍(1성) 1→, 파랑(2성) 2↗, 초록(3성) 3↘↗, 주황(4성) 4↘의 4가지 색으로 나누어 성조를 한눈에 알아보기 쉽도록 하였으며, 초보자들도 더 간단하게 성조를 마스터할 수 있도록 했습니다.

처음으로 중국 여행을 하는 사람이 혼자서도 여행을 즐길 수 있도록 매 상황에서 그대로 사용할 수 있는 회화 표현을 중심으로 학습해 갑니다. 따라서 이 책은 현지에서 실제로 들을 수 있는 관련 표현과 단어를 단기간에 집중해서 배우는 '중국어 표준 학습서'라고 할 수 있습니다.

올 컬러로 풍부한 사진과 일러스트를 게재하였고, 중국인들의 습관과 예의범절을 알 수 있는 칼럼 등을 담았기 때문에, 공부하면서 중국 여행의 분위기를 맛볼 수 있습니다.

이 책의 사용법

이것만 외우자! 핵심 표현 50_ 여행지에서 바로 사용할 수 있는 중요 표현 50개를 실었습니다.

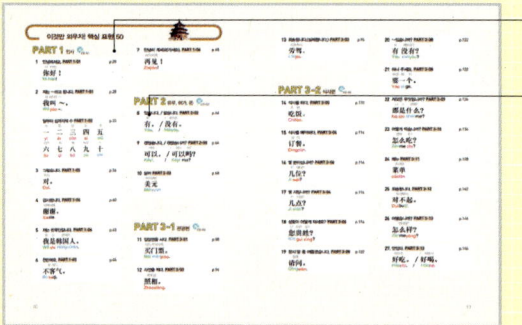

- 페이지를 명기했으니, 자세한 해설은 본문을 참조하세요
- 실제 발음에 가까운 한글 발음이 표기되어 있습니다.

준비편_ 본문을 공부하기 전에 발음과 문법의 기본 사항을 학습합니다.

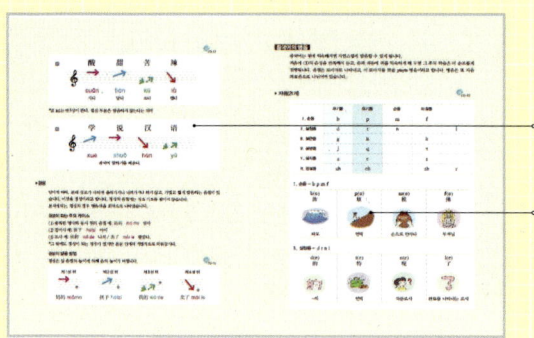

- 발음이 귀에 익도록 연습합시다.
- 일러스트를 보면서 MP3에 맞춰 반복해서 발음해 봅시다.

본문

- 회화문은 반복 연습하여 완전히 외우세요.
- 사진을 보면서 관련 단어와 표현을 확실히 익힐 수 있습니다.

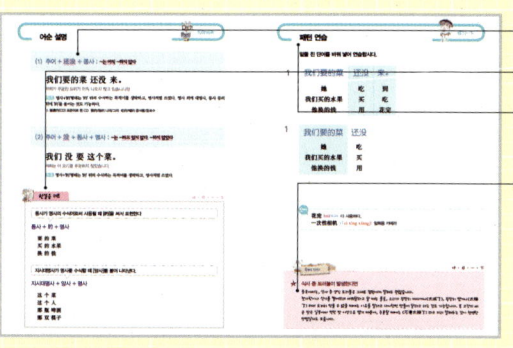

- 문법 사항을 확실히 익힐 수 있습니다.
- 어휘 실력을 한 단계 더 높여주는 코너입니다.
- '패턴 연습'은 같은 문형에 단어를 바꿔 넣어 쉽게 여러 가지 문장을 만들 수 있도록 도와줍니다.
- '쉬어 가기'는 중국의 사회·문화를 알아보면서 잠시 머리를 식힐 수 있는 코너입니다.

- '실력 다지기'로 배운 내용을 얼마나 이해했는지 확인할 수 있습니다.
- 중국에서 마주칠 수 있는 각 상황에 도움이 되는 단어와 관련 표현을 정리하였습니다. 회화를 보다 유창하게 하고 싶을 때 이용하세요.

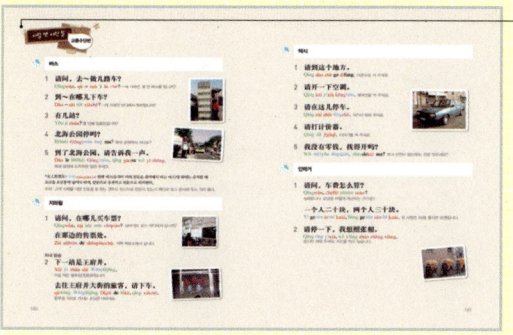

- '이럴 땐 이런 말'은 본문에서 부족할 수 있는 상황별 표현을 보충하여, 더욱 다양한 표현을 익힐 수 있으며, 중국과 관련된 풍부한 사진 자료들도 엿볼 수 있습니다.

이것만 외우자! 핵심 표현 50

PART 1 인사 MP3-01

1 안녕하세요. PART 1-01 p.28
니 하오!
你好！
Nǐ hǎo!

2 저는 ~라고 합니다. PART 1-01 p.28
워 찌아오 ~.
我叫 ~。
Wǒ jiào ~.

일부터 십까지의 수 PART 1-02 p.33
이 / 얼 / 싼 / 쓰 / 우
一 二 三 四 五
yī èr sān sì wǔ
리우 / 치 / 빠 / 지우 / 스
六 七 八 九 十
liù qī bā jiǔ shí

3 그렇습니다. PART 1-03 p.36
뚜이.
对。
Duì.

4 감사합니다. PART 1-04 p.40
씨에씨에.
谢谢。
Xièxie.

5 저는 한국인입니다. PART 1-04 p.43
워 스 한궈런.
我是韩国人。
Wǒ shì Hánguórén.

6 천만에요. PART 1-05 p.44
부 커치.
不客气。
Bú kèqi.

7 안녕히 계세요(가세요). PART 1-06 p.48
짜이찌엔!
再见！
Zàijiàn!

PART 2 유무, 허가, 돈 MP3-02

8 있습니다. / 없습니다. PART 2-02 p.64
요. / 메이요.
有。 / 没有。
Yǒu. / Méiyǒu.

9 괜찮습니다. / 괜찮습니까? PART 2-02 p.64
커이. / 커이 마?
可以。 / 可以吗？
Kěyǐ. / Kěyǐ ma?

10 원(한국 화폐 단위) PART 2-03 p.68
한위엔
韩元
Hányuán

PART 3-1 관광편 MP3-03

11 입장권을 사다. PART 3-01 p.88
마이 먼피아오.
买门票。
Mǎi ménpiào.

12 사진을 찍다. PART 3-03 p.96
짜오샹.
照相。
Zhàoxiàng.

13 죄송합니다.(실례합니다.) PART 3-03   p.96
라오찌아.
劳驾。
Láojià.

PART 3-2 식사편 🎧 MP3-04

14 식사를 하다. PART 3-05   p.110
츠 판.
吃饭。
Chīfàn.

15 식사를 예약하다. PART 3-06   p.114
띵 찬.
订餐。
Dìngcān.

16 몇 분이십니까? PART 3-06   p.114
지 웨이?
几位？
Jǐ wèi?

17 몇 시입니까? PART 3-06   p.114
지 디엔?
几点？
Jǐ diǎn?

18 성함이 어떻게 되세요? PART 3-06   p.114
닌 꾸이 씽?
您贵姓？
Nín guì xìng?

19 잠시 말 좀 여쭙겠습니다. PART 3-08   p.122
칭원.
请问。
Qǐngwèn.

20 ~있습니까? PART 3-08   p.122
요 메이요?
有 没有？
Yǒu méiyǒu?

21 하나 주세요. PART 3-08   p.122
야오 이 거.
要一个。
Yào yí ge.

22 저것은 무엇입니까? PART 3-09   p.126
나 스 션머?
那是什么？
Nà shì shénme?

23 어떻게 먹습니까? PART 3-10   p.134
쩐머 츠?
怎么吃？
Zěnme chī?

24 메뉴 PART 3-11   p.138
차이딴
菜单
càidān

25 죄송합니다. PART 3-12   p.142
뚜이부치.
对不起。
Duìbuqǐ.

26 어떻습니까? PART 3-13   p.146
쩐머양?
怎么样？
Zěnmeyàng?

27. 맛있다. PART 3-13   p.146
하오츠. / 하오허.
好吃。 / 好喝。
Hǎochī. / Hǎohē.

| 28 계산하다. PART 3-14　　p.150
지에쨩.
结账。
Jiézhàng.

PART 3-3 🎧 MP3-05
교통수단, 오락편

| 29 역은 어디입니까? PART 3-15　p.158
처짠 짜이 날?
车站在哪儿?
Chēzhàn zài nǎr?

| 30 화장실은 어디입니까? PART 1 이럴 땐 이런 말
시쇼우찌엔 짜이 날?　　p.55
洗手间在哪儿?
Xǐshǒujiān zài nǎr?

| 31 앞쪽에요. PART 3-15　　p.158
치엔삐엔.
前边。
Qiánbian.

| 32 ~에 갑니다. PART 3-16　　p.162
워 취~.
我去 ~。
Wǒ qù ~.

| 33 타세요. PART 3-16　　p.162
칭 샹쳐.
请上车。
Qǐng shàngchē.

| 34 도착했습니다. PART 3-16　　p.162
따오 러.
到了。
Dào le.

| 35. 영수증을 주세요. PART 3-16　p.162
칭 게이 워 파피아오.
请给我发票。
Qǐng gěi wǒ fāpiào.

| 36 압니다./알겠습니다. PART 3-17　p.166
즈따오.　　즈따오러.
知道。/知道了。
Zhīdao.　Zhīdao le.

| 37 ~가 좋습니다. PART 3-17　p.166
워　시환 ~.
我喜欢 ~。
Wǒ xǐhuan ~.

| 38 괜찮습니다. PART 3-19　p.174
메이 꽌시.
没关系。
Méi guānxi.

PART 4 🎧 MP3-06
쇼핑편, 커뮤니케이션편

| 39 어디에서 ~를 팔고 있습니까? PART 4-01
날　마이 ~?　　p.186
哪儿卖 ~?
Nǎr mài ~?

| 40 기념품 PART 4-01　　p.186
리핀
礼品
Lǐpǐn

| 41 ~을 사고 싶습니다. PART 4-03　p.194
워　샹 마이 ~.
我想买 ~。
Wǒ xiǎng mǎi ~.

42 다른 것은 있습니까? **PART 4-03**　　p.194
요　메이요　비에 더?
有没有别的?
Yǒu méiyǒu bié de?

43 다른 색은 있습니까? **PART 4-03**　　p.197
요　메이요　비에 더　옌써?
有没有别的颜色?
Yǒu méiyǒu bié de yánsè?

44 시험해 보다. **PART 4-03**　　p.194
스스.
试试。
Shìshi.

45 얼마입니까? **PART 4-04**　　p.198
뚜어샤오 치엔?
多少钱?
Duōshao qián?

46 싸게 해 주세요. **PART 4-04**　　p.198
피엔이　　이디알　바.
便宜一点儿吧。
Piányi yìdiǎnr ba.

47 취미 **PART 4-05**　　p.206
아이하오
爱好
Àihào

48 나이는 몇 살이세요? **PART 4-05**　　p.208
니 뚜어 따 러?
你多大了?
Nǐ duō dà le?

49 인상은 어떻습니까? **PART 4-06**　　p.210
인샹　　쩐머양?
印象怎么样?
Yìnxiàng zěnmeyàng?

50 다시 만나게 되기를 바랍니다. **PART 4-0**　p.218
판왕　　짜이 찌엔미엔.
盼望再见面。
Pànwàng zài jiànmiàn.

준비편(1)_ 중국어의 기초 지식

1 [표준어]가 뭐지?

여러분이 지금부터 배울 중국어 '汉语'는 '普通话'라고 하며, 중국 전 지역에서 통용되는 표준어입니다. '普通话'는 베이징의 말을 기초로 하여 만들어졌기 때문에, '北京语'라고 불리기도 합니다.
이 외에도 중국에는 광둥과 상하이 등에서 쓰이는 많은 방언이 있습니다.

2 [간체자]는 뭘까?

'간체자'는 '번체자(정자)'의 획수를 줄인, 현재 중국에서 사용되고 있는 문자입니다.
우리나라에서 쓰는 한자와 같은 것도 있지만, 일부만 같은 형태인 것, 그리고 전혀 다른 것도 있습니다.

예	간체자	번체자
	中国	中國
	汉字	漢字
	严密	嚴密

3
'성조'는 멜로디 같은 것?

중국어의 성조는 높낮이가 변화하는 아름다운 멜로디와 같으며, 기본적으로 4가지가 있습니다.

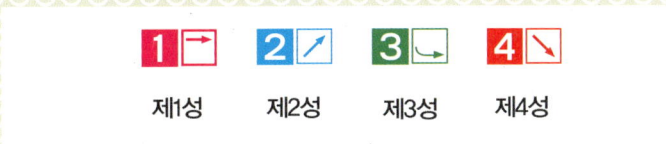

각각 번호로 부르고, 부호로 표시합니다.

4
어떻게 발음해?

중국어의 한자는, 한 글자가 하나의 음절로 발음됩니다.
예를 들어, '汉'이라는 글자는 'han'이라는 하나의 음절로 발음됩니다.
'h'는 '자음'이고, 'an'은 '모음'입니다. 이 음절을 '병음(로마자 발음 기호)'이라고 부르며, 여기에 성조를 붙이면 발음이 완성됩니다.

성조와 병음에 대한 자세한 내용은 준비편(2)에 계속 ⇨ ⇨

준비편(2)_ 중국어의 발음

외국어를 배우는 데, 가장 중요한 것은 발음입니다. 우리말과 다르기 때문에 어렵게 생각하는 분들도 많은 듯하지만, 요령만 터득하면 반복하는 사이에 자연스럽게 익힐 수 있습니다.

중국어의 성조

MP3-07

중국어의 성조는 제1성부터 제4성까지 4가지가 있기 때문에 '4성'이라고 합니다. 같은 음절이라도 성조의 변화에 따라 전혀 다른 의미가 되므로, 중국어를 배울 때에는 성조를 확실히 외우는 것이 굉장히 중요합니다.

예	제1성	제2성	제3성	제4성
	八	拔	把	爸
	bā	bá	bǎ	bà
	여덟	뽑다	쥐다	아버지

▶ 4개의 기본 성조_발음 방법

성조	제1성	제2성	제3성	제4성
높이	5 → 5	3 → 5	2 → 1 → 3	5 → 1
표기 부호	ā	á	ǎ	à
발음 방법	높고 평평하게	한 번에 올린다	낮게 누르고 올린다	한 번에 내린다
요령	보통 소리보다 높게 소리를 내서, 그대로 늘린다.	보통 소리의 높이에서 망설임 없이 한 번에 올린다.	한숨을 쉬듯이 낮게 누르다가 완만하게 올린다.	1성보다 약간 높은 음정부터 한 번에 내린다.

> 주의하세요!! 3성의 뒤에 3성 이외의 음절이 있는 경우는, 낮게 누르면서 발음하고 뒷 부분을 올리지 않는다. 즉, 음의 높이는 2 → 1로, 이것을 '반3성'이라고 한다.

* '苦 kǔ'는 반3성이 된다. 점선 부분은 발음하지 않는다는 의미.

중국어 말하기를 배운다.

▶경성

단어에 따라 본래의 성조가 사라져 올라가거나 내려가거나 하지 않고, 가볍고 짧게 발음하는 음절이 있습니다. 이것을 '경성'이라고 합니다. 경성의 음절에는 성조 기호를 붙이지 않습니다.
이 책에서는 경성의 병음을 검정색으로 나타냈습니다.

경성이 되는 주요 케이스
(1) 중복된 명사와 동사 뒤의 음절 예 妈妈　māma　엄마
(2) 접미사 예 孩子　háizi　아이
(3) 조사 예 我的　wǒ de　나의 / 卖了　mài le　팔았다.
　*그 밖에도 경성이 되는 경우가 있지만 본문 안에서 개별적으로 외워 갑시다.

경성의 발음 방법
경성은 앞 음절의 높이에 의해 음의 높이가 바뀝니다.

중국어의 병음

중국어는 귀에 익숙해지면 자연스럽게 발음할 수 있게 됩니다.

처음에 MP3의 음성을 반복해서 듣고, 음과 리듬에 귀를 익숙하게 해 두면 그 후의 학습은 더 순조롭게 진행됩니다. 중국어의 발음은 로마자 발음 기호로 나타내는데, 이 로마자를 '拼音 pīnyīn 병음'이라고 합니다. 병음은 또 자음과 모음으로 나뉘어져 있습니다.

▶ 자음(21개)　　　　　　　　　　　　　　　　　　　　　　　

	무기음	유기음	순음	마찰음	
Ⅰ. 순음	b	p	m	f	
Ⅱ. 설첨음	d	t	n		l
Ⅲ. 설근음	g	k		h	
Ⅳ. 설면음	j	q		x	
Ⅴ. 설치음	z	c		s	
Ⅵ. 권설음	zh	ch		sh	r

Ⅰ. 순음 - b p m f

b(o) 波	p(o) 坡	m(o) 摸	f(o) 佛
파도	언덕	손으로 만지다	부처님

Ⅱ. 설첨음 - d t n l

d(e) 的	t(e) 特	n(e) 呢	l(e) 了
~의	특별하다	의문 조사	완료를 나타내는 조사

Ⅲ. 설근음 – g k h

g(e) 歌	k(e) (眼)科	h(e) 喝

노래	(안)과	마시다

Ⅳ. 설면음 – j q x

j(i) 鸡	q(i) 七	x(i) 西

닭		서쪽

Ⅴ. 설치음 – z c s

z(i) 姿	c(i) 词	s(i) 丝

모습	단어	실

Ⅵ. 권설음 – zh ch sh r

zh(i) 枝	ch(i) 吃	sh(i) 诗	r(i) 日

나뭇가지	먹다	시	태양

▶ 모음(36개)

단모음	이중모음	삼중모음	전비음	오비음	특수모음
a	ai ao		an	ang	er
o	ou			ong	
e	ei		en	eng	
i	ia ie	iao iou	ian in	iang ing iong	
u	ua uo	uai uei	uan uen	uang ueng	
ü	üe		üan ün		

Ⅰ. a o e i u ü

a 啊	o 喔	e 鹅
아~	꼬끼오~	오리

i 一	u 屋	ü 鱼
1	방	생선

Ⅱ. ai ei ao ou

ai 爱	ei 诶	ao 袄	ou 鸥
사랑	어라?	중국식 상의	갈매기

Ⅲ. ia ie ua uo üe

ia 鸭	ie 椰	ua 蛙	uo 我	üe 约
오리	야자나무	개구리	나	약속하다

Ⅳ. iao iou uai uei

iao 要	iou 优	uai 外	uei 胃

원하다	우수하다	밖	위

Ⅴ. an ang en eng

an 安	ang 昂	en 恩	eng 风

안정되다	머리를 들다	은혜	바람

ian iang in ing

ian 烟	iang 杨	in 音	ing 樱

연기	버드나무	음	벚꽃

uan uang uen ueng

uan 湾	uang 王	uen 温	ueng 翁

만	왕	따뜻하다	노인

üan ün ong iong

üan 元	ün 云	ong 冬	iong 用

위안(화폐 단위)	구름	겨울	사용하다

Ⅵ. er

er 耳
귀

성조의 변화

기본 성조(4성)과 경성 외에, 아래 세 가지의 경우에는 서로 이웃한 성조가 변화를 일으킵니다. 이 규칙을 기억해 둡시다.

1. 3성이 연속하는 경우
앞의 3성이 2성으로 바뀝니다. 성조 기호는 그대로 표기하고, 발음만 바꿉니다.

	(표기)		(발음)
	3성 + 3성	⇨	2성 + 3성
	nǐ hǎo		ní hǎo

2. 부정사 '不 bù'의 뒤에 4성이 이어지는 경우
'不'가 4성에서 2성으로 변합니다.

	不(4성) + 4성		不(2성) + 4성	
	bù mài	⇨	bú mài	(不卖: 팔지 않다)

*성조 기호는 바꿔서 씁니다.

3. 숫자 '一 yī'의 변화
'一'의 뒤에 1, 2, 3성이 오는 경우, '一'가 1성에서 4성으로 바뀝니다.
'一'의 뒤에 4성이 오는 경우, '一'가 1성에서 2성으로 바뀝니다.

	一(1성) + 1,2,3성		一(4성) + 1,2,3성
	yī qiān		yì qiān(一千)
	yī nián		yì nián(一年)
	yī bǎi		yì bǎi(一百)
	一(1성) + 4성	⇨	一(2성) + 4성
	yī wàn		yí wàn(一万)

*성조 기호도 바꿔서 씁니다.
*서수를 나타낼 때는 원래의 1성으로 읽습니다.
　예 第一 dì yī kè, 一月 yī yuè

성조 기호의 위치

성조 기호는 모음 위에 붙지만, 우선순위가 있습니다.

1. a가 있으면, a의 위에	⇨	hǎo xiǎng
2. a가 없으면, e나 o의 위에	⇨	xué hóng
3. i, u가 같이 있으면 뒤쪽에	⇨	jiǔ guì

얼화음 – r

중국어에는 '얼화음'이 있는데, 이는 혀끝을 말아서 음절의 모음을 발음하는 것입니다.
한자에서 쓸 때는 '儿'이라고 쓰지만, 병음에서는 'r'을 써서 나타냅니다.
발음할 때 본래 음절의 모음에 따라 음 변화가 나타나는 경우도 있습니다.

1. 'a, o, e, u'으로 끝나는 모음   ⇨   변화 없음

huār   bāor   diér   qiúr
花儿   包儿   碟儿   球儿

2. 'ai, ei, an, en, in'의 모음   ⇨   n, i 의 음이 사라짐

gàir   wèir   wánr   ménr   xìnr
盖儿   味儿   玩儿   门儿   信儿

3. '-ng'로 끝나는 모음   ⇨   'ng' 직전의 모음이 비음화됨

yàngr   diànyǐngr
样儿   电影儿

준비편(3)_ 중국어의 기본 문형

중국어의 기본 어순은 '주어 + 술어 + 목적어'입니다. 술어와 목적어의 순서는 우리말과 반대로 되어 있습니다. 인칭, 단수, 복수, 시제에 따른 술어의 변화는 없습니다.

문형 하나 동사가 술어일 때

MP3-13

긍정문

주어 + 동사 + 목적어

我　　 吃　　 饭。
Wǒ　　chī　　fàn.
나는 밥을 먹습니다.

의문문_ 긍정문 뒤에 '吗 ma'를 붙입니다.
'吗'는 '~입니까'라는 의미입니다.

주어 + 동사 + 목적어 + 吗?

你　　 吃　　 饭　　 吗?
Nǐ　　 chī　　 fàn　　 ma?
당신은 밥을 먹습니까?

부정문_ 긍정문의 동사 앞에 '不 bù'를 붙입니다.
'不'는 '~하지 않다'라는 부정사입니다.

주어 + 不 + 동사 + 목적어

我　　 不　　 吃　　 饭。
Wǒ　　 bù　　 chī　　 fàn.
나는 밥을 먹지 않습니다.

완료형_ 긍정문 뒤에 '了 le'를 붙입니다.
'了'는 완료를 나타내는 조사입니다.

주어 + 동사 + 목적어 + 了

我　　 吃　　 饭　　 了。
Wǒ　　 chī　　 fàn　　 le.
나는 밥을 먹었습니다.

완료형 부정문_ 완료형 동사 앞에 '没 méi'를 붙이고, 문말의 '了'를 없앱니다.

주어 + 没 + 동사 + 목적어

我　　 没　　 吃　　 饭
Wǒ　　 méi　　 chī　　 fàn.
나는 밥을 먹지 않았습니다.

문형 둘 형용사가 술어인 경우

MP3-14

긍정문

주어	+	很	+	형용사
中国菜		很		好吃。
Zhōngguócài		hěn		hǎochī.

중국 요리는 맛있습니다.

* '很'은 '매우, 대단히'라는 의미이지만, 긍정의 형용사 술어문에서는 특히 강조의 의미가 없어도 형용사 앞에 '很'을 붙이는 경우가 많습니다.

일반의문문_ 긍정문 뒤에 '吗 ma'를 붙입니다.

주어	+	형용사	+ 吗?
中国菜		好吃	吗?
Zhōngguócài		hǎochī	ma?

중국 요리는 맛있습니까?

반복의문문_ 긍정문에 형용사의 부정형을 붙입니다.
'很'은 붙일 수 없습니다.

주어	+	형용사	+	不	+	형용사?
中国菜		好吃		不		好吃?
Zhōngguócài		hǎochī		bù		hǎochī?

중국 요리는 맛있습니까?

부정문_ 긍정문의 형용사 앞에 '不 bù'를 놓습니다.

주어	+	不	+	형용사
中国菜		不		好吃。
Zhōngguócài		bù		hǎochī.

중국 요리는 맛이 없습니다.

문형 셋 '是', '有', '在'의 구문 (긍정문 → 의문문 → 부정문)

MP3-15

'是 shì'의 구문

我是韩国人。
Wǒ shì Hánguórén.
저는 한국인입니다.

⇨

你是韩国人吗?
Nǐ shì Hánguórén ma?
당신은 한국인입니까?

⇨

我不是韩国人。
Wǒ bú shì Hánguórén.
저는 한국인이 아닙니다.

'有 yǒu'의 구문

我有电脑。
Wǒ yǒu diànnǎo.
저는 컴퓨터가 있습니다.

⇨

你有电脑吗?
Nǐ yǒu diànnǎo ma?
당신은 컴퓨터가 있습니까?

⇨

我没有电脑。
Wǒ méiyǒu diànnǎo.
저는 컴퓨터가 없습니다.

'在 zài'의 구문

洗手间在那儿。
Xǐshǒujiān zài nàr.
화장실은 저기에 있습니다.

⇨

洗手间在那儿吗?
Xǐshǒujiān zài nàr ma?
화장실은 저기에 있습니까?

⇨

洗手间不在那儿。
Xǐshǒujiān bú zài nàr.
화장실은 저기에 없습니다.

PART 1

처음 만나다
初次相见
chūcì xiāngjiàn

01 첫 만남 인사
02 체류 기간 묻기
03 숙소 도착
04 방 번호와 전화번호
05 감사 인사
06 약속하기
실력 다지기
관련 표현_ 한국인의 주요 성(姓)
이럴 땐 이런 말_ 공항편, 호텔편

01 첫 만남 인사

 베이징 공항에서

王京: 你好！我叫王京。
　　　Nǐ hǎo! Wǒ jiào Wáng Jīng.
　　　(니 하오! 워 찌아오 왕징.)

美真: 你好！我叫张美真。
　　　Nǐ hǎo! Wǒ jiào Zhāng Měizhēn.
　　　(니 하오! 워 찌아오 짱메이쩐.)

王京: 认识你，我很高兴。
　　　Rènshi nǐ, wǒ hěn gāoxìng.
　　　(런스 니, 워 헌 까오씽.)

美真: 认识你，我也很高兴。
　　　Rènshi nǐ, wǒ yě hěn gāoxìng.
　　　(런스 니, 워 예 헌 까오씽.)

 해석

왕징: 안녕하세요! 저는 왕징이라고 합니다.
미진: 안녕하세요! 저는 장미진이라고 합니다.
왕징: 만나 뵙게 되어 정말 기쁩니다.
미진: 저도 만나 뵙게 되어 정말 기쁩니다.

 단어

你好 nǐ hǎo 안녕하세요
我 wǒ 저, 나
叫 jiào ~라고 합니다
认识 rènshi (길, 사람 등을) 알다
你 nǐ 당신
很 hěn 정말로
高兴 gāoxìng 기쁘다, 반갑다
也 yě ~도, 또한

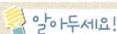 알아두세요!! '认识'의 'shi 识'처럼 성조 기호가 붙어 있지 않는 경우는, 경성이 된다. (→ p.15 준비편(2) 참조)

공항에서 자주 보이는 단어

行李提取处
xíngli tíqǔchù
짐 찾는 곳(수하물 찾는 곳)

航班号
hángbānhào
플라이트 넘버

护照
hùzhào
여권

天安门广场
Tiān'ānmén guǎngchǎng
톈안먼광장

上海虹桥国际机场
Shànghǎi hóngqiáo guójì jīchǎng
상하이 훙차오 국제공항

转乘国内航班
zhuǎnchéng guónèi hángbān
국내선 환승

海关 hǎiguān 세관

어순 설명

(1) 주어 + 叫 + 명사 : ~는 ~라고 합니다.

我叫王京。
저는 왕징이라고 합니다.

참고 중국어에서 사람의 이름을 물을 경우에는, 아래와 같이 두 가지 방법이 있다.

	묻는 방법	답하는 방법
성을 물을 경우	你姓什么?	我姓李。
성과 이름을 함께 물을 경우	你叫什么?	我叫王京。

(2) 주어 + 很 + 형용사 : ~는 정말로 ~입니다.

我很高兴。
저는 정말로 기쁩니다.

한 걸음 더!!

步·步·高

他 tā 그	她 tā 그녀	我们 wǒmen 우리들	你们 nǐmen 너희들(당신들)

忙 máng 바쁘다	好 hǎo 좋다	累 lèi 지치다

패턴 연습

밑줄 친 단어를 바꿔 넣어 연습합시다.

1 我叫 <u>金美真</u>。

　　周杰伦
　　杨丞琳
　　刘宁

2 你 姓 <u>什么</u>?

　我　　李。
　她　　金。
　他　　刘。

단어
周杰伦 Zhōu Jiélún 인명(대만 가수)
杨丞琳 Yáng Chénglín 인명(대만 가수)
刘宁 Liú Níng 인명

★처음 만났을 때 하는 인사

중국에서는 첫 만남에서 'Nǐ hǎo! 你好! 안녕하세요!'라고 인사하는 것이 일반적입니다. 하지만 자신보다 상사이거나, 연배가 높은 사람에게는 'Nín hǎo! 您好!'라고 하면 더 정중한 표현이 됩니다. 그리고 아침에는 'Zǎoshang hǎo 早上好', 저녁 이후에는 'Wǎnshang hǎo! 晚上好!'라고 인사합니다.

02 체류 기간 묻기

 공항에서 호텔로 이동 중

王京: 你 打算 住 几 天?
　　　Nǐ dǎsuan zhù jǐ tiān?
　　　니 다쑤완 쭈 지 티엔?

美真: 我 打算 住 四 天。
　　　Wǒ dǎsuan zhù sì tiān.
　　　워 다쑤완 쭈 쓰 티엔.

 해석

왕징: 며칠 동안 묵을 예정이예요?
미진: 3박4일 묵을 예정이예요.

 단어

住 zhù 묵다, 머물다
几 jǐ 얼마, 몇
天 tiān 일, 날
打算 dǎsuan ~할 예정이다
四 sì 넷, 4

 '几天'은 '며칠'이라고 하는 의문사입니다. 이 밖의 의문사로는 '什么 shénme 무엇, 谁 shéi 누구, 哪/nǎr 어디' 등이 있습니다. 의문사의 위치는 각각 주어, 부사어, 명사가 어디에 있는지에 따라 결정되며, 의문사가 있는 의문문에는 '吗 ma ~까?'를 붙이지 않습니다. (→ p.15 준비편(3) 참조)

100까지의 수

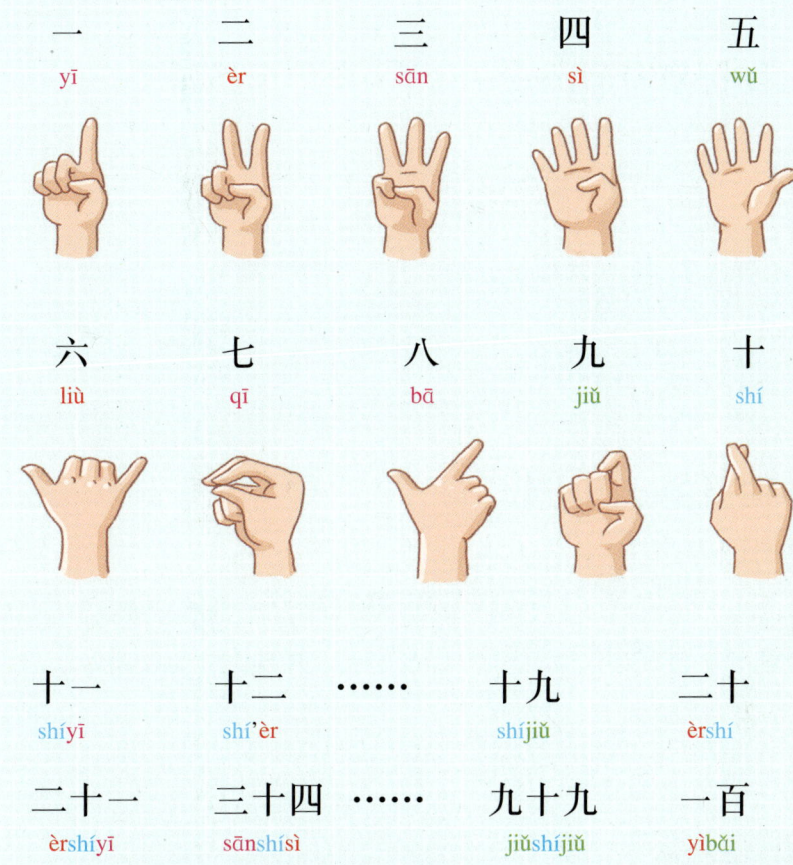

* 주의 : '十'가 중간에 있는 경우는 보통 경성으로 발음됩니다.

성조별로 1부터 10까지 정리해서 외웁시다.
제1성인 것 : 一、三、七、八
제2성인 것 : 十
제3성인 것 : 五、九
제4성인 것 : 二、四、六

* 주의 : 순서를 말할 때에는 '二 èr 2'이라고 하지만, 양사 등의 앞에서 '몇 개 있을까?'와 같이 수량을 표현할 때는 '两 liǎng 둘'이라고 합니다.

예 liǎng tiān 两天 2일간, liǎng zhī bǐ 两支笔 2개의 펜

어순 설명

(1) 주어 + 打算 + 동사 + 시간의 길이를 표현하는 명사 :
~는 ~동안 ~할 예정입니다.

我打算住四天。
저는 3박4일 머무를 예정입니다.

(2) 주어 + 打算 + 동사 + 명사 : ~는 ~할 예정입니다.

她打算来韩国。
그녀는 한국에 올 예정입니다.

他打算去中国。
그는 중국에 갈 예정입니다.

来 lái 오다 　　　　　　　　去 qù 가다
韩国 Hánguó 한국 　　　　　　中国 Zhōngguó 중국

한 걸음 더!!

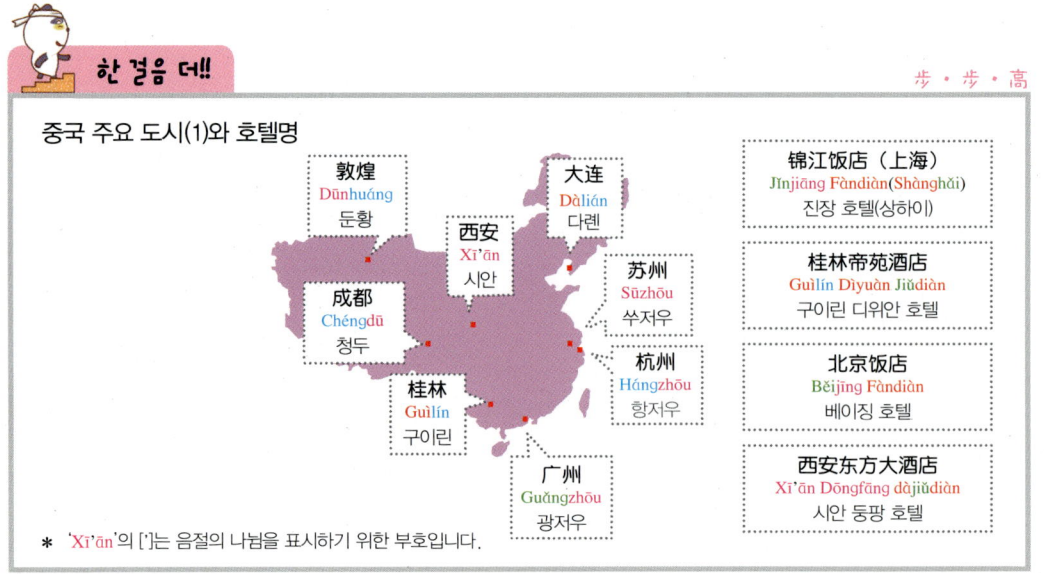

* 'Xī'ān'의 [']는 음절의 나눔을 표시하기 위한 부호입니다.

패턴 연습

밑줄 친 단어를 바꿔 넣어 연습합시다.

1 她 打算 <u>住几天</u>?

                住两天。
                去几天?
                去五天。

2 他 打算 <u>来苏州</u>。

                来西安
                去杭州

단어

西安 Xī'ān 시안　　　　杭州 Hángzhōu 항저우

休·息·一·下

★잰 말 놀이 (같은 음이 반복되는 등 발음하기 어려운 말을 틀리지 않고 빨리 말하는 것)

四是四,　　　　Sì shì sì,
十是十,　　　　shí shì shí,
十四是十四,　　shísì shì shísì,
四十是四十。　sìshí shì sìshí.
*'si'와 'shi', 제2성과 제4성의 발음에 주의!

03 숙소 도착

 숙소 접수 카운터에서

美真: 您好！我 预订 了 房间。
　　　Nín hǎo! Wǒ yùdìng le fángjiān.
　　　닌 하오! 워 위띵 러 팡찌엔.

　　　我 叫 张美真。
　　　Wǒ jiào Zhāng Měizhēn.
　　　워 찌아오 쨩메이쩐.

服务员: 您 从 今天 住到 十八 号, 对 吧?
　　　　Nín cóng jīntiān zhùdào shíbā hào, duì ba?
　　　　닌 총 찐티엔 쭈따오 스빠 하오, 뚜이 바?

美真: 对。
　　　Duì.
　　　뚜이.

미진: 안녕하세요! (제가) 방을 예약했어요.
저는 장미진이라고 합니다.
종업원: 오늘부터 18일까지 묵으시네요.
미진: 네.

了　le　~했다(p.38 참고)
房间　fángjiān　방
您　nín　'너'의 존칭
从~到~　cóng~dào~　~부터 ~까지
今天　jīntiān　오늘
号　hào　일(日)
对吧　duì ba　그렇죠?(알고 있는 사실을 다시 확인할 때 씀)
对　duì　그렇다

*여기에서 '吧 ba'는 상대방의 의견을 구하는 의문의 어기를 나타내는 조사로, '~이네요, ~이죠'라고 하는 말에 해당한다.
*'服务员 fúwùyuán'은 호텔과 레스토랑의 '종업원, 점원, 웨이터, 웨이트리스'를 가리킨다.

호텔에서 자주 사용하는 단어(1)

退房 tuìfáng 체크아웃

房间卡 fángjiānkǎ 카드식 키

住房 zhùfáng 체크인

钥匙 yàoshi 열쇠

北京饭店 Běijīng Fàndiàn 베이징 호텔

服务台 fúwùtái 서비스 카운터

餐厅 cāntīng 레스토랑

带早餐 dài zǎocān 조식 포함

午餐 wǔcān 점심 식사

晚餐 wǎncān 저녁 식사

单人房间 dānrén fángjiān 싱글룸

双人房间 shuāngrén fángjiān 더블룸

어순 설명

(1) 주어 + 동사 + 了 + 명사 : ~는 ~(를) 했다

我预订了房间。
나는 방을 예약하였습니다.

他去了中国。
그는 중국에 갔습니다.

> 참고 여기에서의 '了'는 동작이 완료된 것을 표현한다. 부정형은 동사 앞에 '没 méi'를 붙여서 '~하지 않았다.'라고 표현한다. 그때 '了'는 사용하지 않는다. 예를 들어 '我没预订房间。나는 방을 예약하지 않았다.'라고 한다.

(2) 주어 + 从 + 시간 명사 + (동사) + 到 + 시간 명사 : ~는 ~부터 ~까지 ~하다

我从今天住到十八号。
저는 오늘부터 18일까지 묵습니다.

한 걸음 더!!

步 · 步 · 高

날짜와 요일

星期日 xīngqīrì 일요일	一 월요일	二 화요일	三 수요일	四 목요일	五 금요일	星期六 xīngqīliù 토요일
日	一	二	三	四	五	六
29	30	1	2	3	4	5
6	7	8	9	10	11	12
13	14	15	16	17	18	19
20	21	22	23	24	25	26
27	28	29	30	31	1	2

前天 ← 昨天 ← 今天 → 明天 → 后天
qiántiān   zuótiān   jīntiān   míngtiān   hòutiān

패턴 연습

밑줄 친 단어를 바꿔 넣어 연습합시다.

1 我 预订了 <u>房间</u>。
　　　　　　双人房间
　　　　　　午餐
　　　　　　晚餐

2 他 没 <u>去中国</u>。
　　　　　打算去桂林
　　　　　住五天

3 他从 <u>今天</u> 住到 <u>十八号</u>。
　　　　二号　　　　　几号?
　　　　星期一　　　　星期六。
　　　　今天　　　　　星期几?

★중국의 호텔 현황

외국인 관광객이 늘어남에 따라 중국 각지에 4성, 5성급의 고급 호텔이 급증하고 있습니다. 영어를 할 수 있는 스텝이 상주하는 곳도 많아 안심하고 묵을 수 있습니다. 다만, 호텔에서 일하는 모든 사람들이 모두 외국어에 능통하지는 않기 때문에 간단한 중국어로 말을 걸면 기뻐할 것입니다.

또한 'kāfēitīng 咖啡厅 찻집(카페)', jiǔbā 酒吧 바, ànmóchù 按摩处 마사지 룸' 등의 시설이 완비되어 있는 호텔도 많습니다. 한국에 팩스를 보내거나 복사를 할 때에는 'shāngwù zhōngxīn 商务中心 비즈니스 센터'를 이용하는 것도 가능합니다.

04 방 번호와 전화번호

 체크인 수속이 끝나고

美真: 我 的 房间 号码 是 1207。
　　　Wǒ de fángjiān hàomǎ shì yāo èr líng qī.
　　　워 더 팡지엔 하오마 스 야오얼링치.

王京: 谢谢。饭店 的 电话 号码 是 多少?
　　　Xièxie. Fàndiàn de diànhuà hàomǎ shì duōshao?
　　　씨에씨에. 판띠엔 더 띠엔화 하오마 스 뚜어샤오?

美真: 是 68153794。
　　　Shì liù bā yāo wǔ sān qī jiǔ sì.
　　　스 리우 빠 야오 우 싼 치 지우 쓰.

미진: 제 방 번호는 1207이에요.
왕징: 감사합니다. 호텔 전화번호는 몇 번인가요?
미진: 68153794예요.

的　de ~의
号码　hàomǎ 번호
谢谢　xièxie 감사합니다
A是B　A shì B A는 B이다
电话　diànhuà 전화
多少　duōshao 몇, 얼마

알아두세요!! 방번호, 전화번호, 여권 번호처럼 두 자릿수 이상의 번호를 읽을 때에는, 숫자를 그대로 하나하나 읽는다. 다만 '1207, 68153794'와 같은 번호의 경우는, '7'의 발음 'qī'와 '1'의 발음 'yī'가 헷갈리지 않도록 하기 위해 '1'은 'yī'가 아니고, 'yāo'라고 발음한다.

관련 단어

国际电话 guójì diànhuà 국제전화

电话卡 diànhuàkǎ 전화카드

总机 zǒngjī 전화 교환대

内线 nèixiàn 내선 (전화)

手机 shǒujī 휴대전화

电视 diànshì 텔레비전

饭店的早餐 - 自助餐
fàndiàn de zǎocān — zìzhùcān
호텔 조식 - 뷔페

어순 설명

(1) 명사 + 的 + 명사 : ~의

我的房间号码

나의 방 번호

> **참고** 한국어 '~의'처럼, '的'는 명사, 대명사 뒤에 놓여서 수식과 소유 관계를 나타낸다.

(2) A + 是 + B : A는 B이다.

我的房间号码是1207。

제 방 번호는 1207입니다.

> **참고** '是'는 2가지 사항을 이어서 양자가 동일한 것을 나타낸다.
> 예를 들면, '我是韩国人'은 '我 = 韩国人'이라는 의미이다.
> 부정형은 '是'의 앞에 '不 bù'를 써서 '~은 ~이 아니다'라고 표현한다.

한 걸음 더!!

日本人 Rìběnrén 일본인	美国人 Měiguórén 미국인	中国人 Zhōngguórén 중국인

朋友 péngyou 친구	这 / 那 zhè / nà 이것 / 그것	这儿 / 那儿 zhèr / nàr 이곳, 여기 / 그곳, 저기

패턴 연습

밑줄 친 단어를 바꿔 넣어 연습합시다.

1   <u>我</u>   的   <u>房间号码</u>
    他   手机号码
    她   朋友

2   <u>我的电话号码</u>   是   <u>8765-4321</u>。
    我   韩国人
    她的朋友   美国人
    这   房间钥匙
    那儿   饭店

★호텔 이용에 관하여

호텔에 도착하면 먼저 체크인 수속을 하고, 숙박 카드를 간단히 기입합니다. 그리고 프런트에서는 보증금으로 'xiànjīn 现金 현금' 또는 'xìnyòngkǎ 信用卡 신용카드'를 요구합니다. 마지막으로 방 번호를 알려주고, 'yàoshi 钥匙 열쇠' 또는 'fángjiānkǎ 房间卡 카드 키'를 건네줍니다.

방까지 벨 보이가 짐을 옮겨다 줄 때에는 '谢谢'라고 감사의 인사를 하면 되고, 팁은 줄 필요가 없습니다. 국제전화를 걸고 싶을 때, 대부분의 호텔에서 객실 전화로 직접 걸 수 있지만 전화 거는 방법을 모를 경우에는 'Zěnme dǎ guójì diànhuà? 怎么打国际电话? 국제전화를 어떻게 걸면 되나요?'라고 물어보면 됩니다.

직접 걸 경우에는 '국가 번호+지역 번호+상대방의 전화번호'의 순서입니다.

예: 한국 서울에는 0082+2+*******

(지역 번호는 0을 누르지 않으니 주의하세요!)

05 감사 인사

 호텔 로비에서

美真: 谢谢 你 来 接 我。
씨에씨에 니 라이 찌에 워.
Xièxie nǐ lái jiē wǒ.

王京: 不 客气。
부 커치.
Bú kèqi.

美真: 我们 作 个 朋友 吧。
워먼 쭈워 거 펑요 바.
Wǒmen zuò ge péngyou ba.

王京: 好 啊! 我 很 高兴。
하오 아! 워 헌 까오씽.
Hǎo a! Wǒ hěn gāoxìng.

 해석

미진: 마중 나와 주셔서 고마워요.
왕징: 천만에요.
미진: 우리 친구 해요.
왕징: 좋아요! 정말 기쁘네요.

단어

来接~ lái jiē~ ~을 마중 나오다
不客气 bú kèqi 천만에요
作 zuò 만들다
个 ge 개, 명(사람·사물을 셀 때 쓰는 양사)
吧 ba ~하자
好啊 hǎo a 좋습니다

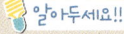 '个 ge'는 사람과 물건을 셀 때 가장 널리 사용되는 양사로, 특별히 강조의 의미가 없으면 경성이 되는 경우가 많다.

자주 사용되는 감사의 말

谢谢您！
Xièxie nín!
감사합니다.('谢谢'의 정중한 표현)

太谢谢您了！
Tài xièxie nín le!
정말로 감사합니다.

麻烦您了！
Máfan nín le!
신세 많이 졌습니다.

어순 설명

(1) 谢谢 + 주어 + 동사 + 명사 : ~가 ~를 ~해 주셔서 감사합니다.

谢谢你来接我。
마중 나와 주셔서 감사합니다.

참고 '谢谢'의 뒤에 바로 명사를 두는 것도 가능하다.
예 谢谢大家！여러분, 감사합니다.

(2) 주어 + 동사 + (수식어) + 명사 + 吧 : ~하자.

我们作个朋友吧。
우리 친구 해요.

단어
- 大家 dàjiā 모두, 여러분
- 书 shū 책
- 铅笔 qiānbǐ 연필
- 围巾 wéijīn 머플러
- 车 chē 차

 한 걸음 데!!

步·步·高

양사의 정리(1): 수사 + 양사 + 명사

一 个 朋友 : ge 个　~명(사람과 사물을 세는 단위)
yí　ge　péngyou

两 本 书 : běn 本　~권(책 등의 권수를 세는 단위)
liǎng běn shū

三 支 笔 : zhī 支　~자루(막대기 같은 것을 세는 단위)
sān　zhī　bǐ

四 条 围巾 : tiáo 条　~장(의류를 세는 단위)
sì　tiáo　wéijīn

五 辆 车 : liàng 辆　~대(차 등을 세는 단위)
wǔ　liàng　chē

패턴 연습

밑줄 친 단어를 바꿔 넣어 연습합시다.

1 谢谢 <u>你来接我</u>。

　　你请客
　　您的礼物
　　老师

2 <u>我们作个朋友</u> 吧。

　　我们去敦煌
　　我们吃自助餐

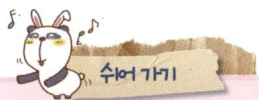

休 · 息 · 一 · 下

★ 사례에 관한 한국과 중국의 차이

중국에서는, 선물을 받은 당시에만 'Tài xièxie nín le! 太谢谢您了!'라고 인사를 하면 됩니다. 나중에 만나도 다시 감사의 말을 하지 않는 것이 좋습니다. 만약 다시 감사하다고 하면 상대방이 '선물이 더 갖고 싶어서 이러는 건가?' 라고 착각하게 되므로 주의하셔야 합니다.

06 약속하기

 왕징은 미진과 자금성에 가기로 하고

王京: 明天 你打算 去 哪儿?
　　　Míngtiān nǐ dǎsuan qù nǎr?
　　　밍티엔 니 다쑤완 취 날?

美真: 我 打算 去 故宫。
　　　Wǒ dǎsuan qù Gùgōng.
　　　워 다쑤완 취 꾸꿍.

王京: 那么, 几 点 见?
　　　Nàme, jǐ diǎn jiàn?
　　　나머, 지 디엔 찌엔?

美真: 九 点 在 大厅 见 吧。
　　　Jiǔ diǎn zài dàtīng jiàn ba.
　　　지우 디엔 짜이 따팅 찌엔 바.

王京: 好。 再见。
　　　Hǎo. Zàijiàn.
　　　하오. 짜이찌엔.

왕징: 내일은 어디에 갈 예정이에요?
미진: 자금성에 갈 예정이에요.
왕징: 그럼 몇 시에 만날까요?
미진: 9시에 로비에서 만나요.
왕징: 알겠어요. 잘 가요.

哪儿　nǎr 어디
故宫　Gùgōng 자금성(베이징에 위치한 명·청 시대의 궁궐)
那么　nàme 그러면
点　diǎn ~시
在~　zài~ ~에서
大厅　dàtīng 로비

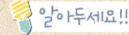 '哪儿 nǎr'은 구어체이고, 문어체로는 '哪里 nǎlǐ'가 사용된다.

시각 말하는 법

一点整
yī diǎn zhěng 정각 시

两点零二分
liǎng diǎn líng èr fēn 2시 2분

三点十分
sān diǎn shí fēn 3시 10분

差五分六点
chà wǔ fēn liù diǎn 6시 15분 전

五点半
wǔ diǎn bàn 5시 반

四点十五分 / 四点一刻
sì diǎn shíwǔ fēn / sì diǎn yíkè
4시 15분

어순 설명

(1) 주어 + 시간 명사 + 장소 명사 + 동사 : ~은 언제 어디에서 ~하다

(我们)九点在大厅见吧。

(우리) 9시에 로비에서 만납시다.

(2) 의문사를 가진 의문문

질문하고 싶은 문구를 의문사로 바꿔 놓으면 된다. 문장 끝에 의문 조사 '吗 ma'를 붙이지 않는다.

예) 你叫什么? p.30 참고
你打算住几天? p.34 참고
饭店的电话号码是多少? p.40 참고
明天你打算去哪儿? p.48 참고
几点见? p.48 참고

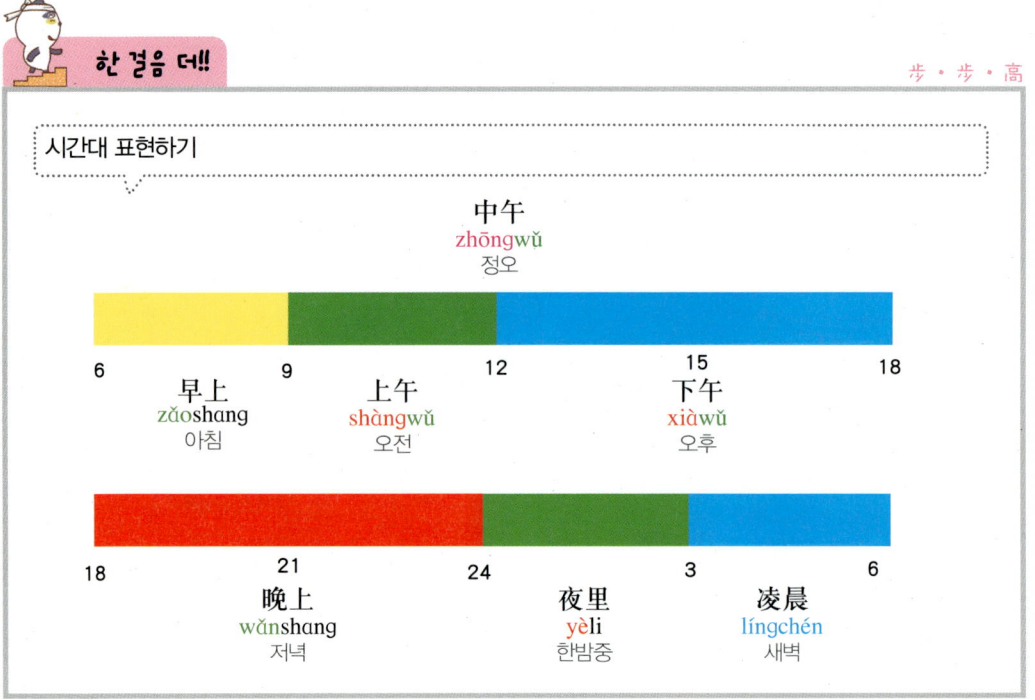

패턴 연습

밑줄 친 단어를 바꿔 넣어 연습합시다.

1   我们 <u>九点</u> 在 <u>大厅</u> 见。

                明天上午   王府井
                后天下午   车站
                今天晚上六点   餐厅

2   아래의 문장을 '어순 설명(2)'를 참고하여 의문문으로 바꿉시다.

     我叫<u>李惠</u>。
     他的手机号码是<u>13256894</u>。
     我们打算住<u>东方大酒店</u>。
     她要去<u>广州</u>。
     我们<u>十点在机场</u>见。

休·息·一·下

★시간에 대한 여러 가지 표현

중국어에서 시간에 대한 표현은 한국과 큰 차이가 없습니다. 한국에서는 12시를 경계로 '오전'과 '오후'를 나누어 시간을 표현하기도 하고, 더 구체적으로는 해가 질 무렵부터 밤이 될 때까지를 '저녁'이라고 표현하기도 하는데, 중국에서도 이와 비슷한 방식으로 시간을 나타냅니다. 점심이 지나고부터 해가 질 무렵까지를 'xiàwǔ 下午'라고 하며 해가 질 무렵부터 완전히 캄캄해질 때까지를 'wǎnshang 晚上'이라고 합니다.
'xiàwǔ 下午'는 우리말로 '오후'라고 생각하면 되고, 'wǎnshang 晚上'은 '저녁'이라고 생각하면 됩니다.

실력 다지기

1 발음을 듣고 병음으로 받아쓰세요.

① _____ ② _____ ③ _____
④ _____ ⑤ _____ ⑥ _____

2 발음을 듣고 숫자를 병음으로 받아쓰세요.

① _____ ② _____ ③ _____
④ _____ ⑤ _____ ⑥ _____

3 적절한 양사를 넣으세요.

① 一（　　）书　　② 两（　　）中国人
③ 三（　　）车　　④ 四（　　）围巾
⑤ 五（　　）朋友　⑥ 六（　　）铅笔

1 ① rènshi ② dǎsuan ③ yùdìng ④ gāoxìng ⑤ fángjiān ⑥ hàomǎ
2 ① wǔ ② shí'èr ③ sìshíbā ④ liùshísān ⑤ qīshíyī ⑥ jiǔshíjiǔ
3 ① 本 ② 个 ③ 辆 ④ 条 ⑤ 个 ⑥ 支

관련 표현_한국인의 주요 성(姓)

한자(간체자)	한글	병음	한자(간체자)	한글	병음
金	김	Jīn	俞	유	Yú
李	이	Lǐ	丁	정	Dīng
朴	박	Piáo	成	성	Chéng
崔	최	Cuī	郭	곽	Guō
鄭(郑)	정	Zhèng	車(车)	차	Chē
姜	강	Jiāng	具	구	Jù
趙(赵)	조	Zhào	禹	우	Yǔ
尹	윤	Yǐn	朱	주	Zhū
張(张)	장	Zhāng	羅(罗)	나	Luó
林	임	Lín	任	임	Rèn
韓(韩)	한	Hán	田	전	Tián
申	신	Shēn	閔(闵)	민	Mǐn
吳(吴)	오	Wú	辛	신	Xīn
徐	서	Xú	池	지	Chí
權(权)	권	Quán	陳(陈)	진	Chén
黃	황	Huáng	嚴(严)	엄	Yán
宋	송	Sòng	元	원	Yuán
安	안	Ān	蔡	채	Cài
柳	유	Liǔ	千	천	Qiān
洪	홍	Hóng	方	방	Fāng
全	전	Quán	楊(杨)	양	Yáng
高	고	Gāo	孔	공	Kǒng
文	문	Wén	玄	현	Xuán
孫(孙)	손	Sūn	康	강	Kāng
梁	양	Liáng	咸	함	Xián
裵	배	Péi	卞	변	Biàn
白	백	Bái	魯(鲁)	노	Lǔ
曹	조	Cáo	廉	염	Lián
許(许)	허	Xǔ	邊(边)	변	Biān
南	남	Nán	呂(吕)	여	Lǚ
沈(沉)	심	Shěn	秋	추	Qiū
劉(刘)	유	Liú	都	도	Dū
盧(卢)	노	Lú	愼(慎)	신	Shèn
河	하	Hé	石	석	Shí

입국 심사

1 请出示护照。
   Qǐng chūshì hùzhào. 여권을 보여 주세요.

   入境卡 rùjìngkǎ 입국 카드
   出境卡 chūjìngkǎ 출국 카드
   健康申明卡 jiànkāng shēnmíngkǎ 건강 신고서
   行李申报单 xíngli shēnbàodān 관세 신고서

2 来中国的目的是什么?
   Lái Zhōngguó de mùdì shì shénme?
   중국에 오신 목적은 무엇입니까?

3 请签名！
   Qǐng qiānmíng!
   사인(서명)해 주세요!

   观光 guānguāng 관광   出差 chūchāi 출장
   留学 liúxué 유학   工作 gōngzuò 업무

짐 찾기

1 请问，在哪儿取行李？
   Qǐngwèn, zài nǎr qǔ xíngli? 실례합니다만, 어디에서 짐을 찾나요?

   - ~航班，在那儿。
   - ~hángbān, zài nàr. ~편 비행기의 짐은 저쪽에 있습니다.

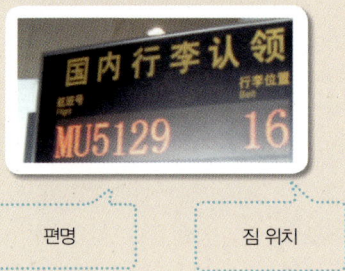

편명   짐 위치

큰 수하물이 있으면
이 간판을 찾아 주세요

공항 관련 단어

登机卡	dēngjīkǎ	탑승권	免税店	miǎnshuìdiàn	면세점
登机口	dēngjīkǒu	탑승 게이트	便利店	biànlìdiàn	편의점
候机室	hòujīshì	대합실	厕所	cèsuǒ	화장실
起飞	qǐfēi	이륙(하다)	洗手间	xǐshǒujiān	화장실
降落	jiàngluò	착륙(하다)	问讯处	wènxùnchù	안내소
误点	wùdiǎn	연착(하다)	医疗点	yīliáodiǎn	진료소
停飞	tíngfēi	결항(되다)	手推车	shǒutuīchē	수하물 카트
国内线	guónèixiàn	국내선	行李牌	xínglipái	수하물 꼬리표
国际线	guójìxiàn	국제선			

공항 위치 안내 표지판   안내소 표지판   진료소 표지판

곤란할 때

我不懂中文。
Wǒ bù dǒng Zhōngwén. 중국어를 모릅니다.

有没有会说韩语的人?
Yǒu méiyǒu huì shuō Hányǔ de rén? 한국어를 하실 수 있는 분 있습니까?

怎么填?
Zěnme tián? 어떻게 기입하면 됩니까?

能把笔借我用一下吗?
Néng bǎ bǐ jiè wǒ yòng yíxià ma? 펜을 잠시 빌려 주시겠어요?

 체크인

1 我办住房手续。
Wǒ bàn zhùfáng shǒuxù. 체크인 부탁합니다.

- 请告诉我您名字的罗马字。
Qǐng gàosu wǒ nín míngzi de Luómǎzì. 성함을 영어 알파벳으로 알려 주세요.

2 房费包括服务费吗?
Fángfèi bāokuò fúwùfèi ma? 숙박료에 서비스료도 포함되나요?

3 这是钥匙和早餐券。
Zhè shì yàoshi hé zǎocānquàn. 이것은 열쇠와 조식권입니다.

> 小费 xiǎofèi 팁
> 早餐费 zǎocānfèi 조식비
> 饮料费 yǐnliàofèi 음료비

4 餐厅在哪儿?
Cāntīng zài nǎr? 식당은 어디에 있습니다.

- 在二楼。 Zài èr lóu. 2층에 있습니다.

 짐을 보내기

1 我想把这些行李寄到韩国，怎么寄?
Wǒ xiǎng bǎ zhèxiē xíngli jìdào Hánguó, zěnme jì?
이 짐을 한국에 보내고 싶은데 어떻게 하면 될까요?

 체크아웃

1 我要退房。
Wǒ yào tuìfáng. 체크아웃 부탁드립니다.

- 我用现金 / 信用卡付。
Wǒ yòng xiànjīn / xìnyòngkǎ fù. 현금 / 카드로 하겠습니다.

2 你喝冰箱里的饮料了吗?
Nǐ hē bīngxiāng li de yǐnliào le ma? 냉장고 안의 음료를 드셨습니까?

- 喝了一罐啤酒和一罐果汁。 / 没有。
Hē le yí guàn píjiǔ hé yí guàn guǒzhī. / Méiyǒu.
맥주 한 캔, 주스 한 캔 마셨습니다. / 아니요.

 부탁과 주문

1 请给我开水。
   Qǐng gěi wǒ kāishuǐ. 따뜻한 물 주세요.

   牙膏 yágāo 치약
   牙刷 yáshuā 칫솔
   剃刀 tìdāo 면도기
   卫生纸 wèishēngzhǐ 화장실 휴지

2 能借一下吹风机吗?
   Néng jiè yíxià chuīfēngjī ma? 드라이어를 빌려 주시겠어요?

3 我要烤面包和煎鸡蛋。
   Wǒ yào kǎomiànbāo hé jiānjīdàn. 토스트와 계란 프라이(노른자가 있는) 주세요.

   肉菜蛋卷 ròucàidànjuǎn 오믈렛

   鸡蛋要老一点儿。
   Jīdàn yào lǎo yìdiǎnr. 계란은 잘 익혀 주세요.

   嫩 nèn 부드럽게
   半熟 bànshú 반숙

 곤란할 때

1 房间太脏, 请换一下。
   Fángjiān tài zāng, qǐng huàn yíxià. 방이 너무 더러우니 바꿔 주세요.

   毛巾 máojīn 타올
   床单 chuángdān 침대 시트

2 卫生纸没有了。
   Wèishēngzhǐ méiyǒu le. 화장실 휴지가 떨어졌습니다.

3 几频道能看韩国的节目?
   Jǐ píndào néng kàn Hánguó de jiémù? 한국의 방송은 몇 번 채널에서 볼 수 있습니까?

4 钥匙忘在房间里了。
   Yàoshi wàngzài fángjiān li le. 열쇠를 방에 두고 나왔습니다.

57

PART 2

친구 되기
成为好朋友
chéngwéi hǎo péngyou

01 아침 인사
02 외출 준비
03 환전하기
04 가는 방법, 걸리는 시간
05 외출하기
실력 다지기
관련 표현_ 외래어 표현
이럴 땐 이런 말_ 환전편, 우편편

01 아침 인사

 다음날 호텔에서

王京: 早上 好! 昨天 休息 好 了 吗?
　　　자오샹　하오!　쭈어티엔　시우시　하오　러　마?
　　　Zǎoshang hǎo! Zuótiān xiūxi hǎo le ma?

美真: 休息 好 了。谢谢!
　　　시우시　하오 러.　씨에씨에!
　　　Xiūxi hǎo le. Xièxie!

我 带 什么 东西 去, 好 呢?
워　따이　션머　똥시　취,　하오　너?
Wǒ dài shénme dōngxi qù, hǎo ne?

王京: 带 照相机 去, 就 好 了。
　　　따이　쨔오샹찌　취,　찌우　하오　러.
　　　dài zhàoxiàngjī qù, jiù hǎo le.

왕징: 안녕하세요. 어제는 잘 쉬었어요?
미진: 잘 쉬었어요. 고마워요.
저는 뭘 가져가면 좋을까요?
왕징: 카메라를 가져가면 돼요.

早上好　zǎoshang hǎo 안녕하세요(아침 인사)
吗　ma (의문 표현) ~입니까?
休息　xiūxi 쉬다
~好了　hǎo le 잘 ~했다, 다 ~했다
带　dài 지니다, 휴대하다
东西　dōngxi 물건
好呢?　hǎo ne? (~하면) 좋을까?
照相机　zhàoxiàngjī 카메라
就好了　jiù hǎo le 그걸로 좋다

알아두세요!! '吗 ma'는 문장 끝에 놓여서 상대방에게 긍정인지 부정인지 답변을 구할 때 사용되며, '吗'를 붙여도 문장의 어순은 변하지 않는다. 하지만 '吗 ma'는 가볍게 발음될 때 'me'로 들리는 경우가 있어서 주의해야 한다.

관련 단어

数码相机 shùmǎ xiàngjī 디지털카메라

摄像机 shèxiàngjī 비디오카메라

钱包 qiánbāo 지갑

帽子 màozi 모자

雨伞 yǔsǎn 우산

手表 shǒubiǎo 손목시계

베이징의 아침 풍경

아침에 공원에서 태극권을 하는 사람들

어순 설명

(1) 주어 + 동사 + 好了 : ~는 잘 ~했다

我休息好了。
저는 잘 쉬었습니다.

(2) 주어 + 동사 + 명사 + 去 : ~는 ~를 ~해서 가다

我带照相机去。
저는 카메라를 가지고 갑니다.

 한 걸음 더!!

步·步·高

你好！ Nǐ hǎo! 안녕하세요!
我很好！ Wǒ hěn hǎo! 저는 잘 지내요. → **你好吗?**의 답변
好啊！ Hǎo a! 좋습니다.
早上好！ Zǎoshang hǎo! 좋은 아침입니다.
休息好了。 Xiūxi hǎo le. 잘 쉬었습니다. → 잘 완성되거나 잘 마무리되었음을 표현한다.

我带什么东西去好呢?
Wǒ dài shénme dōngxi qùhǎo ne ? 제가 무엇을 들고 가면 좋을까요?
→ '好呢 ?'는 의문사를 가진 가벼운 의문문에 사용하여 '~하면 좋을까?'라는 뜻을 나타낸다.

~就好了。 ~jiù hǎo le. ~, 그걸로 좋습니다.
→ 앞 문장을 받아서, '그대로 하면 된다'라는 뜻을 나타낸다.

패턴 연습

밑줄 친 단어를 바꿔 넣어 연습합시다.

1 我 <u>休息</u> 好了。
　　　吃
　　　喝
　　　睡

2 我 带 <u>照相机</u> 去。
　　　　钱包
　　　　手机
　　　　雨伞

3 <u>我带什么东西去</u>，好呢?
　　我们吃什么
　　我们去哪儿
　　我们住几天

休・息・一・下

★즐거운 여행을 위하여(1)

호텔에서 관광지로 나갈 때, 여권, 항공권, 방 열쇠 등 귀중품을 가지고 다니지 마십시오. 관광지에서 사진을 찍거나 서두르다 보면 깜빡하고 짐을 놓고 오거나 잃어버리기 십상이기 때문입니다. 호텔 방에 safety box가 있으면 그 안에 보관하거나 프런트에 맡겨 둡시다.

02 외출 준비

 호텔 로비에서

王京: 你 有 北京 地图 吗?
　　　니 요우 베이징 띠투 마?
　　　Nǐ yǒu Běijīng dìtú ma?

美真: 没有。我 想 买 一 张。
　　　메이요우. 워 샹 마이 이 짱.
　　　Méiyǒu. Wǒ xiǎng mǎi yì zhāng.

王京: 对 了! 我 还 想 换钱, 在 哪儿 换?
　　　뚜이 러! 워 하이 샹 환치엔, 짜이 날 환?
　　　Duì le! Wǒ hái xiǎng huànqián, zài nǎr huàn?

王京: 在 饭店 大厅, 就 可以。
　　　짜이 판띠엔 따팅, 찌우 커이.
　　　Zài fàndiàn dàtīng, jiù kěyǐ.

왕징: (당신은) 베이징 지도 있어요?
미진: 아니요. 한 장 사고 싶어요.
맞다! 환전도 하고 싶은데, 어디서 해야 하죠?
왕징: 호텔 로비에서 할 수 있어요.

有　　yǒu 있다, 가지고 있다
地图　dìtú 지도
没有　méiyǒu 없다, 가지고 있지 않다
想 + 동사　xiǎng ~하고 싶다
买　　mǎi 사다
张　　zhāng ~장(종이 등 평평한 것을 세는 양사)
对了　duì le 맞다!(생각난 것을 말할 때 씀)

관련 단어

信纸 xìnzhǐ 편지지

信封 xìnfēng 편지 봉투

包裹 bāoguǒ 소포

明信片 míngxìnpiàn 엽서

航空 hángkōng 항공

邮局 yóujú 우체국

邮筒 yóutǒng 우체통

邮票 yóupiào 우표

寄信 jì xìn 편지를 부치다

어순 설명

(1) 주어 + 有/没有 + 명사 : ~는 ~가 있다/없다

你有北京地图吗?
당신은 베이징 지도를 가지고 있습니까?

我没有北京地图。
저는 베이징 지도를 가지고 있지 않습니다.

(2) 주어 + 想 + 동사 + (수식어) + 명사 : ~는 ~을 ~하고 싶다

我想买一张(地图)。
저는 지도를 한 장 사고 싶습니다.

我想换钱。
저는 환전하고 싶습니다.

 한 걸음 더!!

양사의 정리(2)

수사	+	양사	+	명사
一 yì		张 zhāng		地图 dìtú
两 liǎng		张 zhāng		明信片 míngxìnpiàn
三 sān		张 zhāng		邮票 yóupiào
四 sì		张 zhāng		信纸 xìnzhǐ
五 wǔ		个 ge		信封 xìnfēng
六 liù		个 ge		邮筒 yóutǒng

*같은 양사가 여러 가지 명사를 수식하기도 한다.

패턴 연습

밑줄 친 단어를 바꿔 넣어 연습합시다.

1 你 有 <u>北京地图</u> 吗?

　　　　　　明信片
　　　　　　信封
　　　　　　邮票

2 我 想 <u>换钱</u>。

　　　　买一张明信片
　　　　买两张邮票
　　　　寄信

休·息·一·下

★중국의 우편 업무

중국에서는 번화가에 가면 대개 우체국을 찾을 수 있습니다. 우체국의 정식 명칭은 'yóudiànjú 邮电局'이고, 우편 업무 외에 전보, 전화 업무를 하기도 하며, 신문, 잡지 등도 판매합니다. 호텔에 따라서는 우체국 창구를 마련하여 일반 우편 업무를 대행해 주기도 합니다. 한국에 우편물을 보낼 때는 'Hánguó 韩国'라고 쓰고, 항공 우편을 보낼 때는 'hángkōng 航空'이라고 쓰면 됩니다.

03 환전하기

PART 2

 MP3-26 호텔 로비에 있는 환전소에서

美真: 你好！我 想 换钱。
　　　 니 하오! 워 샹   환치엔.
　　　 Nǐ hǎo! Wǒ xiǎng huànqián.

收银员: 换 多少?
　　　　 환 뚜어샤오?
　　　　 Huàn duōshao?

美真: 换 十万 韩元。
　　　 환 스완 한위엔.
　　　 Huàn shíwàn Hányuán.

收银员: 请 填 一下 兑换单。
　　　　 칭 티엔 이시아 뚜이환딴.
　　　　 Qǐng tián yíxià duìhuàndān.

....

收银员: 一共 七百 一十四 块 三 毛。
　　　　 이꿍 치바이 이스쓰 콰이 싼 마오.
　　　　 Yígòng qībǎi yīshí'sì kuài sān máo.

해석

미진: 안녕하세요. 환전하고 싶습니다.
계산원: 얼마나 환전하시겠어요?
미진: 10만 원을 환전하려고 합니다.
계산원: 환전 신청서를 써 주세요.
....
전부 714위안 3자오입니다.

해석

换　huàn 바꾸다
收银员　shōuyínyuán 계산원
百　bǎi 백
韩元　Hányuán 원(한국 화폐 단위)
请　qǐng 자, ~해 주세요(상대방에게 무언가를 권할 때 쓰는 말)
填　tián 기입하다
一下　yíxià 좀 ~해 보다
兑换单　duìhuàndān 환전 신청서
一共　yígòng 전부
~块 ~毛　kuài ~ máo ~위안 ~자오(→p.82, 83)

68

백 이상의 수

101	一百零一	yìbǎi líng yī
102	一百零二	yìbǎi líng èr
110	一百一(十)	yìbǎi yī(shí)
111	一百一十一	yìbǎi yìshiyī
120	一百二(十)	yìbǎi èr(shí)
200	二百 / 两百	èrbǎi / liǎngbǎi
202	二百零二	èrbǎi líng èr
222	二百二十二	èrbǎi èrshi'èr
300	三百	sānbǎi
999	九百九十九	jiǔbǎi jiǔshijiǔ
1000	一千	yìqiān
1001	一千零一	yìqiān líng yī
1010	一千零一十	yìqiān líng yìshí
1100	一千一(百)	yìqiān yī(bǎi)
1202	一千二百零二	yìqiān èrbǎi líng èr
2000	二千 / 两千	èrqiān / liǎngqiān
2200	两千二百	liǎngqiān èrbǎi
10000	一万	yíwàn
10100	一万零一百	yíwàn líng yìbǎi
20000	两万	liǎngwàn

(1) 백, 천은 '一'를 앞에 붙인다. 십도 앞에 자리수가 있는 경우에는 '一'를 붙인다.
　　예를 들어 1112는 '一千一百一十二'라고 읽는다.
(2) 101, 1001과 같이 중간의 숫자가 '0'인 경우는 '零'을 넣는다. 하지만 '0'이 몇 개가 연속되더라도 한 번 밖에 읽지 않는다.
(3) 110, 1100과 같이 아랫자리수가 '0'인 경우에는, 마지막 단위 '十, 百' 등은 생략할 수 있다.

어순 설명

(1) 주어 + 동사 + 수량사 : ~는 얼마나 ~하다

　　(你)换多少?
　　얼마나 환전하십니까?

(2) 请 + 동사 + 一下 + 명사 : ~를 좀 ~해 주세요

　　请填一下兑换单。
　　환전 용지에 기입해 주세요.

　　请填一下。
　　기입 좀 해 주세요.

한 걸음 더!!

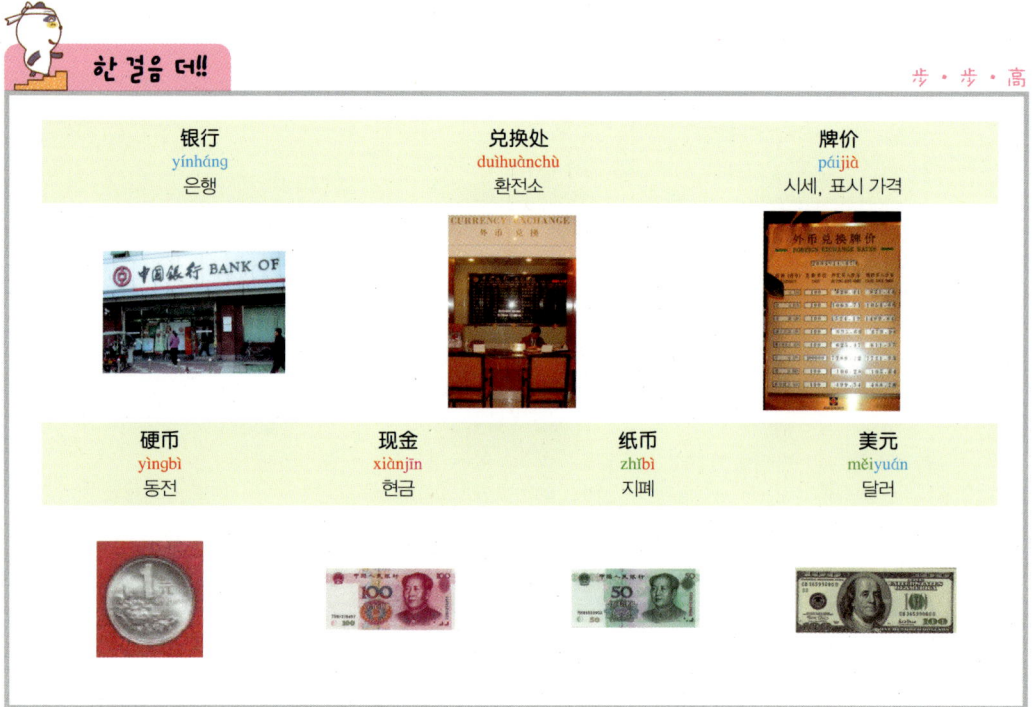

패턴 연습

밑줄 친 단어를 바꿔 넣어 연습합시다.

1　(你)　换　多少?
　　(我)　　　一百万韩元。
　　　　　　　两万八千日元。
　　　　　　　一百二美元。

2　请　填　一下　兑换单。
　　　　　　　　入境卡
　　　　　　　　出境卡
　　　　　　　　邮票
　　　　贴

休·息·一·下

★환전에 대해

중국에서 달러를 중국 화폐인 런민비로 환전하는 것은 공항과 호텔에 있는 환전소에서 가능합니다. 환율은 대부분 비슷하며, 2010년 4월 현재 런민비 1위안은 한국 돈 165원 정도입니다.
여행객을 노리는 소매치기가 많기 때문에 환전한 돈은 당장 사용할 정도만 지갑에 넣어두는 것이 좋고, 사전에 예산을 정해서 그 예산보다 조금 더 많은 돈을 가지고 여행을 떠나면 좋습니다.

04 가는 방법, 걸리는 시간

 환전을 하고 나서

美真: 我们 怎么 去 故宫?
　　　Wǒmen zěnme qù Gùgōng?
　　　워먼　쩐머　취　꾸꿍?

王京: 走着 去 就 好 了。
　　　Zǒuzhe qù jiù hǎo le.
　　　저우져 취 찌우 하오 러.

美真: 大概 要 多 长 时间?
　　　Dàgài yào duō cháng shíjiān?
　　　따까이 야오 뚜어 창 스찌엔?

王京: 大概 要 二十五 分 钟。
　　　Dàgài yào èrshíwǔ fēn zhōng.
　　　따까이 야오 얼스우 펀 쫑.

미진: 우리는 어떻게 자금성에 가나요?
왕징: 걸어서 가면 돼요.
미진: 시간이 대략 얼마나 걸릴까요?
왕징: 거의 25분 정도 걸려요.

怎么　zěnme 어떻게
走着去　zǒuzhe qù 걸어서 가다
大概　dàgài 대개
要　yào 필요하다, 걸리다
多长时间　duō cháng shíjiān 어느 정도의 시간
分钟　fēn zhōng ~분

关联词语

시간의 길이에 관한 표현

一个小时　yí ge xiǎoshí　1시간

两个小时　liǎng ge xiǎoshí　2시간

十个小时　shí ge xiǎoshí　10시간

一个小时零五分钟　yí ge xiǎoshí líng wǔ fēn zhōng　1시간 5분

一刻钟　yí kè zhōng　15분

两个小时十分钟　liǎng ge xiǎoshí shí fēn zhōng　2시간 10분

十个半小时　shí ge bàn xiǎoshí　10시간 반

베이징의 버스 정류장

다롄의 노면 전차

어순 설명

(1) 주어 + 怎么 + 동사 + 명사 : ~은 어떻게 ~를 ~하다

我们怎么去故宫。
우리들은 어떻게 자금성에 가나요?

(2) 要 + 시간의 길이를 나타내는 명사 : 어느 정도의 시간이 걸리다

要多长时间?
시간이 어느 정도 걸리나요?

패턴 연습

밑줄 친 단어를 바꿔 넣어 연습합시다.

1 Q: 我们 <u>怎么</u> 去 故宫?

  A: 我们 <u>走着</u> 去。

    坐地铁
    骑自行车

2 要 <u>多长时间</u>?

    五分钟。
    一个半小时。
    两天。

★ 베이징의 교통

베이징의 주요 교통수단은 버스, 트롤리버스, 지하철과 택시입니다. 버스와 트롤리버스는 전부 번호가 붙어 있으며, 'yī lù 1路 1번'부터 900번까지 있습니다. 버스 요금은 1위안이 기본이고, 차종과 거리에 따라 가격이 올라갑니다. 지하철은 1호선, 2호선, 4호선, 5호선, 8호선, 10호선, 13호선, 팔통선, 공항 전용 노선 등 모두 9개 노선이 있으며, 요금은 전 노선이 동일하게 2위안입니다.

이 외에 택시, 자전거도 시민들이 자주 이용하는 교통수단이며, 최근에는 'zìjiāchē 自家车 자가용'이 붐을 이루고 있습니다.

05 외출하기

 드디어 외출하게 되고

王京: 准备 好 了 吗?
　　　준뻬이　하오　러　마?
　　　Zhǔnbèi hǎo le ma?

美真: 准备 好 了。
　　　준뻬이　하오　러.
　　　Zhǔnbèi hǎo le.

王京: 那么, 我们 走 吧。
　　　나머, 워먼 저우 바.
　　　Nàme, wǒmen zǒu ba.

美真: 好 啊。
　　　하오 아.
　　　Hǎo a.

왕징: 준비는 다 됐나요?
미진: 준비 다 됐어요.
왕징: 그럼 가요.
미진: 네.

准备　zhǔnbèi 준비(하다), 채비(하다)
동사+好　hǎo 잘 ~했다, 다 ~했다
走　zǒu 가다

거리 풍경

星巴克 Xīngbākè 스타벅스

肯德基 Kěndéjī KFC

麦当劳 Màidāngláo 맥도날드

立交桥 lìjiāoqiáo 입체 교차로

大街 dàjiē 큰길

胡同 hútòng 골목

* 입체 교차로 : 도로나 선로 따위를 같은 지면 위에서 교차하지 않고 위아래로 분리하여 엇갈리게 하는 방식

어순 설명

(1) 주어 + 동사 + 好了吗? : ~가 다 ~했나요?

(你)准备好了吗?
(당신은) 준비가 다 되었나요?

(2) 주어 + 동사 + 吧 : ~가 ~합시다

我们走吧。
우리 갑시다.

 한 걸음 더!!

> '吧'의 정리

对吧?
Duì ba? 그렇지요?

我们作个朋友吧!
Wǒmen zuò ge péngyǒu ba! 우리 친구 해요!

九点在大厅见吧!
Jiǔ diǎn zài dàtīng jiàn ba! 9시에 로비에서 만납시다!

我们走吧!
Wǒmen zǒu ba! 우리 갑시다!

패턴 연습

밑줄 친 단어를 바꿔 넣어 연습합시다.

1 我 <u>准备</u> 好了。
     做
     写
     买

2 <u>我们</u> <u>走</u> 吧。
   我们 吃
   你   来

休·息·一·下

★중국에서의 외래어 사용

한국에서 외래어가 굉장히 많이 사용되는 것에 비해 중국에서의 외래어 사용은 그나마 적다고 할 수 있지만, 최근 들어 중국에서 사용되는 외래어도 점점 늘어나고 있습니다.
외국 브랜드, 외국 가게의 이름은 물론 외국 음식을 부르는 단어 등은 그대로 외래어로 사용합니다.
'hànbǎobāo 汉堡包'는 무슨 음식인지 짐작하실 수 있나요? 그건 바로 '햄버거'입니다. 'hànbǎo 汉堡'는 비슷한 발음의 한자를 조합한 것이고, 'bāo 包'는 '중국의 고기만두와 같은 음식'이라는 의미입니다.

실력 다지기

MP3-29 **1** 발음을 듣고 병음으로 받아쓰세요.

① _____ ② _____ ③ _____
④ _____ ⑤ _____ ⑥ _____

MP3-30 **2** 시간의 길이를 나타내는 음성을 듣고 병음으로 받아쓰세요.

① _____ ② _____ ③ _____
④ _____ ⑤ _____ ⑥ _____

3 주어진 말을 사용하여, 문장을 완성하세요.

| 吗 | 啊 | 呢 | 吧 | 了 |

① 你有信纸 _____ ?
② 我换多少钱，好_____ ?
③ 对 _____ 。我们在哪儿见面?
④ A: 我们作个朋友 _____ 。
　 B: 好 _____ 。

정답

1 ① zhàoxiàngjī ② dìtú ③ yóujú ④ huànqián ⑤ páijià ⑥ duìhuàndān
2 ① shí fēn zhōng ② yí kè zhōng ③ yī ge xiǎoshí ④ liǎng ge bàn xiǎoshí ⑤ sān tiān ⑥ qī tiān
3 ① 吗 ② 呢 ③ 了 ④ 吧, 啊

관련 표현_외래어 표현

음식물
冰淇淋 bīngqílíng 아이스크림
咖啡 kāfēi 커피
巧克力 qiǎokèlì 초콜릿
牛排 niúpái 스테이크
色拉 sèlā 샐러드
三明治 sānmíngzhì 샌드위치

교통수단
巴士 bāshì 버스
卡车 kǎchē 트럭
摩托车 mótuōchē 오토바이

브랜드명
三星 Sānxīng 삼성
耐克 Nàikè 나이키
古姿 Gǔzī 구찌
劳力士 Láolìshì 롤렉스
乐天 Lètiān 롯데
索尼 Suǒní 소니
佳能 Jiānéng 캐논

운동
保龄球 bǎolíngqiú 볼링
乒乓球 pīngpāngqiú 탁구
高尔夫 gāo'ěrfū 골프
奥林匹克 Àolínpǐkè 올림픽

기타
幽默 yōumò 유머
卡 kǎ 카드
拷贝 kǎobèi 카피(복사)
伊妹儿 yīmèir 이메일
因特网 yīntèwǎng 인터넷

퀴즈 아래의 한자는 무엇을 의미하는지 맞혀봅시다.

比萨饼 bǐsàbǐng (음식)
可可 kěkě (음료)
意大利 Yìdàlì (나라 이름)
马拉松 mǎlāsōng (스포츠)

답 : 피자, 코코아, 이탈리아, 마라톤

 환전하러 가서

1 在哪儿换钱?
Zài nǎr huànqián? 어디에서 환전합니까?

那边有兑换处。
Nàbian yǒu duìhuànchù. 저쪽에 환전소가 있습니다.

2 牌价是多少?
Páijià shì duōshao? 시세가 얼마입니까?

3 我想要一点儿零钱。
Wǒ xiǎng yào yìdiǎnr língqián.
잔돈이 필요합니다.

> 알아 두면 좋은 단어
> 汇率 huìlǜ 환율
> 旅行支票 lǚxíng zhīpiào 여행자 수표

 돈의 단위

人民币 Rénmínbì 런민비

	위안	자오	펀
문어체 :	元 yuán	角 jiǎo	分 fēn
구어체 :	块 kuài	毛 máo	分 fēn

1块 = 10毛 = 100分

> 동전
> 一分 yì fēn 1펀
> 两分 liǎng fēn 2펀
> 五分 wǔ fēn 5펀
> 一毛 yì máo 1자오
> 五毛 wǔ máo 5자오
> 一块 yí kuài 1위안

지폐

一毛
yì máo
1자오

两毛
liǎng máo
2자오

五毛
wǔ máo
5자오

一块
yí kuài
1위안

两块
liǎng kuài
2위안

五块
wǔ kuài
5위안

十块
shí kuài
10위안

二十块
èrshí kuài
20위안

五十块
wǔshí kuài
50위안

一百块
yìbǎi kuài
100위안

 큰 단위를 말하는 방법

两百块
liǎngbǎi kuài
200위안

四百块
sìbǎi kuài
400위안

六百七十块
liùbǎi qīshí kuài
670위안

一千块
yìqiān kuài
1,000위안

两千块
liǎngqiān kuài
2,000위안

一万块
yíwàn kuài
10,000위안

两万块
liǎngwàn kuài
20,000위안

 편지 부치기

1 买一张明信片。
   Mǎi yì zhāng míngxìnpiàn. 엽서 한 장 주세요.

> 곤란 할 땐 이렇게!!
> *请写一下。
> Qǐng xiě yíxià 써 주세요.

2 寄到韩国多少钱?
   Jìdào Hánguó duōshao qián? 한국까지 보내는 데 얼마입니까?

3 寄到韩国要几天?
   Jìdào Hánguó yào jǐ tiān? 한국까지 보내는 데 며칠이나 걸리나요?

4 请寄航空。
   Qǐng jì hángkōng. 항공 우편으로 보내 주세요.

알아 두면 좋은 단어

邮政编码	yóuzhèng biānmǎ 우편번호	收信人	shōuxìnrén 받는 사람
寄信人	jìxìnrén 보내는 사람	地址	dìzhǐ 주소
		~收	shōu ~님

주 : '~님'에 해당하는 것으로는 '先生'(남성에게 보낼 때), '女士'(여성에게 보낼 때), '小姐'(미혼의 여성에게 보낼 때), '老师'(선생님께 보낼 때) 등이 있지만, 친한 경우에는 성명만 써도 괜찮습니다.

 봉투 쓰는 법

보내는 사람의 주소와 우편번호를 쓴다.

우표를 붙인다.

받는 사람의 주소와 우편번호를 쓴다.

 ## 엽서 쓰는 방법

받는 사람의 우편번호를 쓴다.

우표를 붙인다.

내용을 쓴다.

보내는 사람의 주소와 우편번호를 작게 쓴다.

받는 사람의 주소를 쓴다.

 ## 중국의 연하장

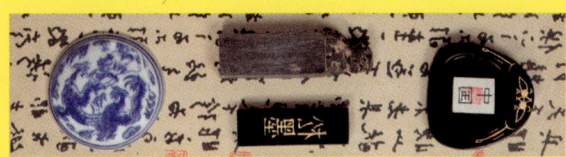

PART 3

추억 만들기

留下美好记忆

liúxià měihǎo jìyì

01 입장권 구매하기
02 명소에 대해 질문하기
03 사진 찍기
04 지도 구매하기
실력 다지기
관련 표현_ 길에서 볼 수 있는 간판
이럴 땐 이런 말_ 관광편

05 식사 초대하기
06 식사 예약하기
07 주문하기(1)
08 주문하기(2)
09 주문하기(3)
실력 다지기
관련 표현_ 베이징의 간식
이럴 땐 이런 말_ 식사편(1)

10 식사법 질문하기
11 개인 접시 부탁하기
12 식사 중 트러블
13 먹은 감상 말하기
14 지불하기
실력 다지기
관련 표현_ 길가의 풍경
이럴 땐 이런 말_ 식사편(2)

15 버스, 지하철 타기
16 택시 타기
17 술 마시러 가기
18 경극 관람하기
19 안마 받기
실력 다지기
관련 표현_ 몸이 안 좋을 때
이럴 땐 이런 말_ 교통수단편, 오락편

입장권 구매하기

 자금성 박물관 입구에서

王京: 我 去 买 门票。请 等 一下。
　　　Wǒ qù mǎi ménpiào. Qǐng děng yíxià.
　　　워 취 마이 먼피아오. 칭 덩 이시아.

美真: 好。我 在 这儿 等 你。
　　　Hǎo. Wǒ zài zhèr děng nǐ.
　　　하오. 워 짜이 쩔 덩 니.

....

王京: 买 两 张 门票。
　　　Mǎi liǎng zhāng ménpiào.
　　　마이 량 짱 먼피아오.

售票员: 两 张 一百 二十 块。
　　　　Liǎng zhāng yìbǎi èrshí kuài.
　　　　량 짱 이바이 얼스 콰이.

왕징: 저는 입장권을 사러 다녀올게요.
　　　잠시만 기다려 주세요.
미진: 네. (저는) 여기서 (당신을) 기다리고 있을게요.
....
왕징: 입장권 2장 주세요.
매표원: 2장에 120위안입니다.

去买　qù mǎi 사러 가다
门票　ménpiào 입장권
好　hǎo 좋다
售票员　shòupiàoyuán 매표원

관련 단어

故宫 gùgōng 고궁(자금성)

票价 piàojià 입장 요금

学生票 xuéshēngpiào 학생용 입장권

普通票 pǔtōngpiào 일반 입장권

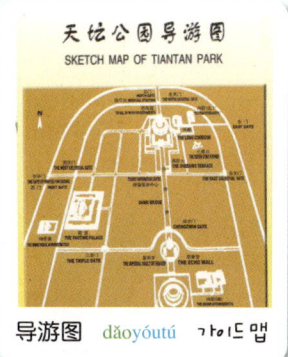

导游图 dǎoyóutú 가이드 맵

成人票 chéngrénpiào 어른용 입장권

儿童票 értóngpiào 어린이용 입장권

磁卡票 cíkǎpiào 카드식 입장권

어순 설명

(1) 주어 + 去 + 동사 + 명사 : ~는 ~를 ~하러 가다

我去买门票。
저는 입장권을 사러 다녀오겠습니다.

(2) 주어 + 在 + 장소 명사 + 동사 + 명사 : ~에서 ~하다

我在这儿等你。
저는 여기에서 당신을 기다리겠습니다.

한 걸음 더!!

天安门 Tiān'ānmén 천안문
颐和园 Yíhéyuán 이화원
万里长城 Wànlǐchángchéng 만리장성
天坛公园 Tiāntán Gōngyuán 천단 공원
北海公园 Běihǎi Gōngyuán 북해 공원
北京动物园 Běijīng Dòngwùyuán 베이징 동물원

패턴 연습

밑줄 친 단어를 바꿔 넣어 연습합시다.

1 我 去 <u>买</u> <u>门票</u>。

   买   东西
   见   朋友
   问   服务员

2 我 在 <u>这儿</u> <u>等你</u>。

   餐厅   吃饭
   银行   换钱
   饭店   休息

休·息·一·下

★입장권 구매 방법

입장권은 'shòupiàochù 售票处 매표소'에서 구입합니다.
베이징의 유명 관광지는 매년 4월 1일~10월 31일까지를 'wàngjì 旺季 성수기', 11월 1일 부터 3월 31일까지는 'dànjì 淡季 비수기'이며, 시기에 따라 입장료에 차이가 있습니다.
게다가 만리장성과 같은 곳은 'pǔtōngpiào 普通票 일반 입장권'과 기념용 입장권으로 'cíkǎpiào 磁卡票 카드식 입장권'이 있기 때문에, 구입할 때 어느 것으로 살지 확실하게 말해야 합니다. 학생의 경우는 학생증을 보여주면 'xuéshēngpiào 学生票 학생용 입장권'을 비교적 싸게 살 수 있습니다. 하지만 안에 들어가서 별도 요금을 요구하는 경우도 많기 때문에 이를 염두에 두고 있어야 합니다.

02 명소에 대해 질문하기

 자금성에서

美真: 故宫 是 什么 时候 建成 的?
　　　꾸궁　스　션머　스허우　찌엔청　더?
　　　Gùgōng shì shénme shíhou jiànchéng de?

王京: 是 一四二零 年 建成 的。
　　　스　이쓰얼링　니엔　찌엔청　더.
　　　Shì yīsì'èrlíng nián jiànchéng de.

美真: 这儿 真 大 啊!
　　　쩔　쩐　따　아!
　　　Zhèr zhēn dà a!

王京: 是 啊!
　　　스　애!
　　　Shì a!

미진: 자금성은 언제 지어졌어요?
왕징: 1420년에 지어졌어요.
미진: 여기는 정말로 넓어요!
왕징: 그렇네요!

什么时候　shénme shíhou 언제
建成　jiànchéng 건설(하다)
年　nián 년, 해
真　zhēn 정말로
大　dà 크다, 넓다
是啊　shì a 그렇네요

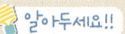

'是 ~ 的'의 구문은 이미 행해진 동작에 대해 언제(시간), 어디(장소), 어떻게(방법) 등을 나타내는 부사어를 강조할 때 사용한다. 이 용법은 완료된 상황에서만 사용 가능하고, 미래의 일에는 사용될 수 없으므로 주의해야 한다.

关联词语

년, 월

*年 nián ~년 (숫자를 한 글자씩 읽는다)

1980년	一九八零年	yījiǔbālíng nián
1992년	一九九二年	yījiǔjiǔ'èr nián
2000년	二零零零年	èrlínglínglíng nián
2010년	二零一零年	èrlíngyīlíng nián

前年 ← 去年 ← 今年 → 明年 → 后年
qiánnián　qùnián　jīnnián　míngnián　hòunián
재작년　←　작년　←　올해　→　내년　→　내후년

*月 yuè ~월 (월을 읽는 방법은 한국과 같다)

一月　二月　三月　～
yī yuè　èr yuè　sān yuè

～　九月　十月　十一月　十二月
　　jiǔ yuè　shí yuè　shíyī yuè　shí'èr yuè

故宫内 Gùgōng nèi 자금성 안

故宫 Gùgōng 자금성

어순 설명

(1) 주어 + 是 + 시간 명사 + 동사 + 的 : ~는 언제 ~한 것이다

故宫是一四二零年建成的。
자금성은 1420년에 건설된 것이다.

(2) 주어 + 부사 + 형용사 : ~은 ~하게 ~하다

这儿真大啊。
이곳은 정말로 넓군요.

참고 형용사 술어문에 대하여

▫ '是'(part 1의 04 참고)를 넣지 않는다.
　예) 이곳은 정말로 넓군요. (X) 这儿是真大啊!　(O) 这儿真大啊!

▫ 시제(과거, 미래)의 변화는 없다.
　예) 어제 나는 정말로 기뻤다. (X) 昨天我很高兴了.　(O) 昨天我很高兴.

▫ 부정문에서는 '不'를 사용한다.
　예) 이곳은 넓지 않다. 这儿不大.

步·步·高

漂亮	↔	难看		热	↔	冷
piàoliang		nánkàn		rè		lěng
예쁘다		못생기다		덥다		춥다

패턴 연습

밑줄 친 단어를 바꿔 넣어 연습합시다.

1 故宫 是 一四二零年 建成 的。
   他   昨天   来
   这   去年   买

2 这儿 真 大 啊！
        漂亮
        热
        冷

★즐거운 여행을 위하여(2)

중국 관광지는 매우 넓습니다. 어디를 가더라도 많이 걸어야 하기 때문에 발에 익숙한 구두나 운동화를 준비하는 것이 좋습니다. 베이징을 여행할 때에는 여름엔 양산과 모자를, 겨울에는 두꺼운 옷과 머플러, 장갑이 필수입니다. 먼지가 매우 많은 장소도 있기 때문에 물티슈와 휴대용 티슈를 넉넉하게 준비해 두면 편리합니다.

03 사진 찍기

 자금성에서

王京: 来! 照 张 相 吧。
　　　라이! 짜오 짱 샹 바.
　　　Lái! Zhào zhāng xiàng ba.

美真: 好! "茄子!"
　　　하오! "치에쯔!"
　　　Hǎo! "Qiézi!"

王京: 我们 一起 照 张 相 吧。
　　　워먼 이치 짜오 짱 샹 바.
　　　Wǒmen yìqǐ zhào zhāng xiàng ba.

(다른 관광객을 향해서)

美真: 劳驾, 给 我们 照 张 相, 好 吗?
　　　라오찌아, 게이 워먼 짜오 짱 샹, 하오 마?
　　　Láojià, gěi wǒmen zhào zhāng xiàng, hǎo ma?

해석

왕징: 자! 사진 찍습니다.
미진: 네! "치즈!"
왕징: 우리 같이 (사진) 찍어요.
　　　(다른 관광객을 향해서)
미진: 죄송하지만, 사진 좀 찍어 주시겠어요?

단어

来　lái (사람을 재촉하며) 이리 와!
照　zhào (사진을) 찍다
相　xiàng 사진
茄子　qiézi 가지(채소 이름)
　　　(우리가 사진을 찍을 때 '김치'나 '치즈'라고 하듯이, 중국인들이 사진 찍을 때 많이 씀)
一起　yìqǐ 같이
劳驾　láojià 실례지만, 죄송합니다만,
给　gěi ~에게 (주다)

 '张 zhāng'은 양사지만 여기에서는 딱히 해석하지 않아도 되기 때문에 경성이 되며, 경성처럼 약하게 발음한다.
'劳驾 láojià'는 부탁할 때 항상 사용하는 문구다.

관련 단어

照相馆 zhàoxiàngguǎn 사진관

相片儿 xiàngpiànr 사진

洗相馆 xǐxiàngguǎn 사진 현상소

胶卷儿 jiāojuǎnr 필름

放大 fàngdà 확대하다

冲洗 chōngxǐ 현상하다

加洗 jiāxǐ 추가 현상하다

数码相机 shùmǎ xiàngjī 디지털카메라

어순 설명

(1) 주어 + 一起 + 동사 + 수식어 + 명사 + 吧。: ~가 ~를 같이 ~합시다

我们一起照张相吧。
우리 함께 사진 찍자.

(2) 给 + ~ + 동사 + 명사, 好吗？:
~에게 ~를 ~해 주시겠어요?

给我们照张相，好吗?
사진을 찍어 주실 수 있나요?

한 걸음 데!!

사진 촬영에 관한 표현

함께 사진을 찍고 싶을 때
我们一起照张相，好吗?
Wǒmen yìqǐ zhào zhāng xiàng, hǎo ma?
우리 함께 사진을 찍는 게 어때?

관내에서, 또는 상영 중에 사진을 찍어도 괜찮은지 물어볼 때
我可以照相吗?
Wǒ kěyǐ zhàoxiàng ma?
사진을 찍어도 되나요?

对不起，这儿禁止拍照。
Duìbuqǐ, zhèr jìnzhǐ pāizhào.
죄송합니다. 여기는 사진 촬영을 금지합니다.

不用闪光灯可以。
Bú yòng shǎnguāngdēng kěyǐ.
플래시를 사용하지 않으면 괜찮습니다.

패턴 연습

밑줄 친 단어를 바꿔 넣어 연습합시다.

1 我们 一起 <u>照张相</u> 吧。
　　　　　　吃个饭
　　　　　　喝个酒
　　　　　　看场电影

2 给 <u>我们</u> <u>照张相</u>，好吗?
　　　我们　照张合影
　　　我　　买张门票
　　　我　　买瓶矿泉水

단어
场 chǎng 영화, 꿈 등을 세는 양사　　矿泉水 kuàngquánshuǐ 광천수, 미네랄 워터
合影 héyǐng 단체 사진

★ 사진 찍을 때 '치즈~~'는 어떻게 말할까?

중국인은 사진 찍는 것을 매우 좋아합니다. 관광지뿐 아니라 길가의 장식품 등이 마음에 들면 바로 셔터를 누르곤 합니다. 사진을 찍을 때 한국어의 '치즈'나 '김치'라는 말처럼 중국인은 자주 'qiézi 茄子'라고 말하며, 발음은 거의 비슷합니다. 이렇기 때문에 각 나라의 문화는 달라도 사진에 비치는 미소는 그다지 변하지 않나봅니다.

이 외에 '一, 二, 三' 또는 'zhào le 照了 찍습니다.'라고도 자주 말합니다. 이런 말을 듣는다면 방긋 웃는 얼굴로 포즈를 취하시면 됩니다.

04 지도 구매하기

 자금성 안의 매점 앞에서

王京: 啊！这儿 卖 地图。
　　　애! 쩔 마이 띠투.
　　　Ā! Zhèr mài dìtú.

美真: 我 买 一 张 北京 地图。
　　　워 마이 이 짱 베이징 띠투.
　　　Wǒ mǎi yì zhāng Běijīng dìtú.

　　　我 想 去 那儿 看看。
　　　워 샹 취 날 칸칸.
　　　Wǒ xiǎng qù nàr kànkan.

王京: 好！三十 分 钟 后 在 这儿 集合。
　　　하오! 싼스 펀 쫑 허우 짜이 쩔 지허.
　　　Hǎo! Sānshí fēn zhōng hòu zài zhèr jíhé.

 해석

왕징: 어! 여기에서 지도를 팔아요.
미진: 저는 베이징 지도를 한 장 사겠습니다.
　　　저는 저기에 좀 가 보고 싶습니다.
왕징: 좋아요! 30분 후에 여기에 모입시다.

 단어

啊 ā 놀라움이나 감탄을 나타냄
看看 kànkan 잠시 보다
~后 ~hòu ~한 후
集合 jíhé 집합하다, 모이다

'看看 kànkan'처럼 동사를 중복하면, '잠시 ~하다, ~해 보다'라는 뜻이 된다. 한 글자의 동사를 반복할 때는 반복된 뒤쪽의 동사를 경성으로 발음한다.

关联词语

베이징의 번화가 모습

西单 Xīdān 시단

东单 Dōngdān 둥단

北京站 Běijīng zhàn 베이징역

前门大街 Qiánmén dàjiē 첸먼거리

王府井大街 Wángfǔjǐng dàjiē
왕푸징 거리

琉璃厂 Liúlichǎng
류리창(골동품 가게가 밀집한 거리 이름)

어순 설명

(1) 장소 명사 + 卖 + 명사 : 어디에서 ~을 판매하다

这儿卖地图。
이곳에서 지도를 판매합니다.

(2) 시간 명사 + 장소 명사 + 동사 : 언제 어디에서 ~하다

三十分钟后在这儿集合。
30분 후에 여기에 모입시다.

한 걸음 더!!

여러 가지 지도들

| 交通游览图
jiāotōng yóulǎntú
교통 관광 지도 | 商务交通图
shāngwù jiāotōngtú
비즈니스 교통 지도 |

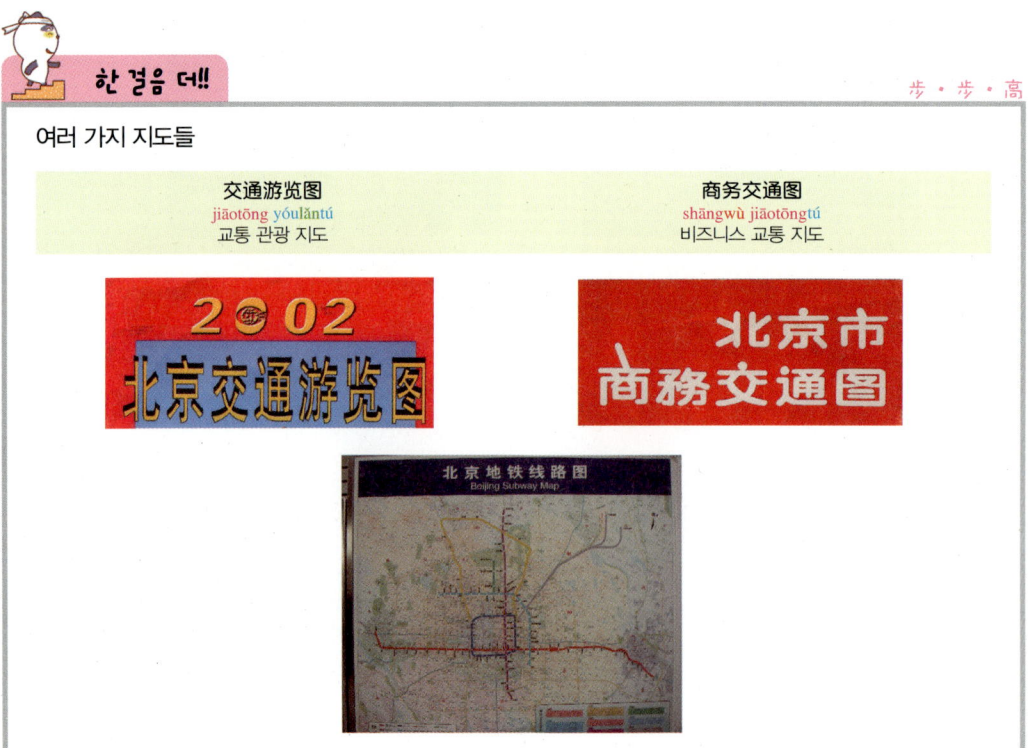

패턴 연습

밑줄 친 단어를 바꿔 넣어 연습합시다.

1 <u>这儿</u> 卖 <u>地图</u>。
   小卖店   胶卷
   便利店   香烟
   书摊儿   报纸

2 <u>三十分钟后</u> <u>在这儿</u> 集合。
   一个半小时后   在后门
   星期天下午   在西单
   明天晚上   在饭店大厅

단어
小卖店 xiǎomàidiàn 매점   书摊儿 shūtānr 노천 서점
便利店 biànlìdiàn 편의점   报纸 bàozhǐ 신문
香烟 xiāngyān 담배

休·息·一·下

★ 길가의 노점들

길을 걷다보면 여러 가지 노점들을 만나 볼 수 있습니다. 'shūtānr 书摊儿 노천 서점'에는 책, 잡지, 신문 외에 공중전화가 있기도 합니다. 또 음료수나, 간단한 음식을 파는 포장마차도 많이 있는데, 이러한 포장마차에서는 그 자리에 앉아서 음식을 먹을 수도 있고, 서서 먹을 수도 있습니다. 노점에서 아이스크림 등을 사서 먹으면서 걸어 다니는 풍경도 자주 볼 수 있습니다.

실력 다지기

1 발음을 듣고 병음으로 받아쓰세요.

① _____   ② _____   ③ _____
④ _____   ⑤ _____   ⑥ _____

2 연도에 관한 발음을 듣고 연도를 받아쓰세요.

① _____   ② _____   ③ _____
④ _____   ⑤ _____   ⑥ _____

3 A의 중국어와 같은 의미의 한국어를 B에서 골라 연결하세요.

A	B
① 买东西	a. 현상하다
② 看电影	b. 편의점
③ 请等一下	c. 플래시
④ 冲洗	d. 영화를 보다
⑤ 看看	e. 잠시 기다려주세요
⑥ 便利店	f. 사진 촬영 금지
⑦ 禁止拍照	g. 쇼핑하다
⑧ 闪光灯	h. 좀 보세요

1 ① ménpiào ② piàojià ③ láojià ④ zhàoxiàng ⑤ jiāojuǎnr ⑥ jíhé
2 ① 1949年 ② 1970年 ③ 2008年 ④ 今年 ⑤ 明年 ⑥ 去年
3 ① g ② d ③ e ④ a ⑤ h ⑥ b ⑦ f ⑧ c

관련 표현_길에서 볼 수 있는 간판

관람객 출입 금지

공중전화

소매치기를 조심합시다

분실물 보관소

물을 절약합시다

교통 표지판

 입장권 매표소에서

1 门票多少钱一张?
Ménpiào duōshao qián yì zhāng?
입장권은 얼마입니까?

普通票 pǔtōngpiào 일반 입장권
磁卡票 cíkǎpiào 카드식 입장권
学生票 xuéshēngpiào 학생용 입장권

开放时间
kāifàng shíjiān
개방 시간

票价
piàojià
입장권 요금

韩语解说员
Hányǔ jiěshuōyuán 한국어 해설원

2 有没有韩语导游图?
Yǒu méiyǒu Hányǔ dǎoyóutú?
한국어 가이드 맵이 있습니까?

自动讲解器
zìdòng jiǎngjiěqì
자동 해설기

租金：10元
zūjīn : shí yuán
대여료 : 10위안

입장할 때 짐을 맡겨야 하는 경우

3 请存一下携带物品。
Qǐng cún yíxià xiédài wùpǐn. 짐을 맡겨 주세요.

好。可以带照相机吗?
Hǎo. Kěyǐ dài zhàoxiàngjī ma? 네, 카메라는 들고 가도 괜찮나요?

可以。给您行李保管牌。
Kěyǐ. Gěi nín xíngli bǎoguǎnpái. 괜찮습니다. 보관표 여기 있습니다.

 관광지에서

1 **这儿能进去吗？**
   Zhèr néng jìnqù ma? 이 안에 들어가도 되나요?

2 **小卖店在哪儿？**
   Xiǎomàidiàn zài nǎr? 매점은 어디에 있습니까?

> 出口 chūkǒu 출구   洗手间 xǐshǒujiān 화장실

3 **有没有风景明信片？**
   Yǒu méiyǒu fēngjǐng míngxìnpiàn? 풍경 엽서가 있습니까?

> 休息的地方 xiūxi de dìfang 쉬는 곳   喝茶的地方 hē chá de dìfang 차 마시는 곳
> 礼品店 lǐpǐndiàn 기념품점

4 **在哪儿买胶卷儿？**
   Zài nǎr mǎi jiāojuǎnr? 어디에서 필름을 살 수 있습니까?

> 坐缆车(滑车)   租自行车
> zuò lǎnchē(huáchē) 케이블카를 타다   zū zìxíngchē 자전거를 빌리다

5 **请帮我照张相，好吗？**
   Qǐng bāng wǒ zhào zhāng xiàng, hǎo ma? 사진 좀 찍어 주시겠어요?

按这儿就可以。
Àn zhèr jiù kěyǐ. 여기를 누르면 됩니다.

请再照一张。
Qǐng zài zhào yì zhāng. 한 장 더 찍어 주세요.

6 **全部都看，要多长时间？**
   Quánbù dōu kàn, yào duō cháng shíjiān? 전부 보려면 어느 정도 걸리나요?

上海 Shànghǎi 상하이

① 鲁迅纪念馆 Lǔ Xùn Jìniànguǎn 루쉰 기념관
② 东方明珠 Dōngfāngmíngzhū 둥팡밍주 타워
③ 南京路 Nánjīnglù 난징루
④ 豫园 Yùyuán 위위안
⑤ 新天地 Xīntiāndì 신톈디
⑥ 孙中山故居 Sūn Zhōngshān Gùjū 쑨중산 생가
⑦ 玉佛寺 Yùfósì 위포쓰(사원)
⑧ 上海杂技场 Shànghǎi Zájìchǎng 상하이 서커스장
⑨ 宋庆龄故居 Sòng Qìnglíng Gùjū 쑹칭링 생가
⑩ 龙华寺 Lónghuásì 룽화쓰(사원)

苏州 Sūzhōu 쑤저우

① 拙政园 Zhuózhèngyuán 줘정위안
② 狮子林 Shīzilín 스쯔린
③ 北寺塔 Běisìtǎ 베이쓰타(탑)
④ 丝绸博物馆 Sīchóu Bówùguǎn 실크 박물관
⑤ 苏州公园 Sūzhōu Gōngyuán 쑤저우 공원
⑥ 双塔院 Shuāngtǎyuàn 솽타위안
⑦ 网师院 Wǎngshīyuàn 왕스위안
⑧ 玄妙观 Xuánmiàoguàn 쉬안먀오관

⑨ 苍浪亭 Cānglàngtíng 창랑팅
⑩ 怡园 Yíyuán 이위안
⑪ 瑞光塔 Ruìguāngtǎ 루이광타(탑)
⑫ 留园 Liúyuán 류위안
⑬ 西园 Xīyuán 시위안
⑭ 寒山寺 Hánshānsì 한산쓰(사원)
⑮ 运河公园 Yùnhé Gōngyuán 운하 공원

西安 Xī'ān 시안

① 碑林 Bēilín 베이린
② 大雁塔 Dàyàntǎ 다옌타(탑)
③ 青龙寺 Qīnglóngsì 칭룽쓰(사원)
④ 华清池 Huáqīngchí 화칭츠
⑤ 秦始皇陵 Qínshǐhuánglíng 진시황릉
⑥ 兵马俑 Bīngmǎyǒng 병마용

大连 Dàlián 다롄

① 大连观光塔 Dàlián Guānguāngtǎ 다롄 관광탑
② 中山广场 Zhōngshān Guǎngchǎng 중산 광장
③ 星海公园 Xīnghǎi Gōngyuán 싱하이 공원
④ 老虎滩公园 Lǎohǔtān Gōngyuán 라오후탄 공원
⑤ 大连森林动物园 Dàlián Sēnlín Dòngwùyuán 다롄 삼림 동물원

05 식사 초대하기

 관광을 끝내고

美真: 我 肚子 饿 了。
워 뚜즈 으어 러.
Wǒ dùzi è le.

我们 去 吃饭 吧。
워먼 취 츠판 바.
Wǒmen qù chīfàn ba.

王京: 好。你 想 吃 什么?
하오 니 샹 츠 션머?
Hǎo. Nǐ xiǎng chī shénme?

美真: 我 想 尝尝 北京 烤鸭。
워 샹 창창 베이징 카오야.
Wǒ xiǎng chángchang Běijīng kǎoyā.

미진: 저는 배가 고파요.
우리 식사하러 가요.
왕징: 좋습니다. 뭐가 먹고 싶어요?
미진: 저는 베이징 오리구이를 먹어 보고 싶어요.

肚子 dùzi 배
饿 è (배가) 고프다
尝尝 chángchang 먹어 보다
北京烤鸭 Běijīng kǎoyā 베이징 오리구이

关联词语

맛볼 만한 인기 요리

麻婆豆腐(四川)
mápódòufu(Sìchuān) 마파두부(쓰촨)

大闸蟹(上海)
dàzháxiè(Shànghǎi) 상하이게(상하이)

饮茶(广东)
yǐnchá(Guǎngdōng) 딤섬(광둥)

饮茶(广东)
yǐnchá(Guǎngdōng) 딤섬(광둥)

涮羊肉(北京)
shuànyángròu(Běijīng) 양고기 샤브샤브(베이징)

111

어순 설명

(1) 주어 + 형용사 + 了 : ~는 ~해졌다

我肚子饿了。
저는 배가 고픕니다.

참고 이 '了'는 상태 변화를 나타내고 있다. '~하게 되다, ~해졌다'라고 해석해도 좋다.

(2) 주어 + 동사의 중복형 + 명사: ~가 ~를 해 보다

我想尝尝北京烤鸭。
저는 베이징 오리구이를 먹어 보고 싶습니다.

패턴 연습

밑줄 친 단어를 바꿔 넣어 연습합시다.

1 <u>我肚子</u> <u>饿</u> 了。

我　　　饱
他　　　胖
你　　　瘦

2 我 想 <u>尝尝</u> <u>北京烤鸭</u>。

看看　　　菜单
说说　　　我的想法
休息休息

休·息·一·下

★ 레스토랑에 대하여

점심은 근처의 '面馆 miànguǎn 국수 전문점, 小吃店 xiǎochīdiàn 분식집, 快餐店 kuàicāndiàn 패스트푸드점' 을 이용하여 간단하게 식사를 마칠 수 있습니다.
저녁은 메인으로 먹고 싶은 요리를 정해서 레스토랑을 찾으면 됩니다.
레스토랑은 일반적으로 '~cāntīng ~餐厅, ~lóu ~楼'라는 이름이 많고, 'Quánjùdé Kǎoyādiàn 全聚德烤鸭店 취안쥐더 오리구이'처럼 전문 요리를 가게 이름으로 하는 가게도 많습니다.
가이드 맵에 소개될 법한 가게에서 식사를 하려면 가기 전에 예약을 해 두는 것이 좋습니다.

06 식사 예약하기

 전화로 식사 예약하기

王京: 喂，您好！我 想 订餐。
　　　Wéi, nín hǎo! Wǒ xiǎng dìngcān.
　　　웨이, 닌 하오! 워 샹 띵찬.

服务员: 谢谢。几 位？ 几 点 用餐？
　　　　Xièxie. Jǐ wèi? Jǐ diǎn yòngcān?
　　　　씨에씨에. 지 웨이? 지 디엔 용찬?

王京: 两 位。六 点。
　　　Liǎng wèi. Liù diǎn.
　　　량 웨이. 리우 디엔.

服务员: 您 贵 姓？
　　　　Nín guì xìng?
　　　　닌 꾸이 씽?

王京: 我 姓 王。
　　　Wǒ xìng Wáng.
　　　워 씽 왕.

해석

왕징: 여보세요, 안녕하세요! 예약하고 싶은데요.
점원: 감사합니다. 몇 분이신가요? 몇 시에 식사하시겠습니까?
왕징: 2명입니다. 6시고요.
점원: 성함은요?
왕징: 저는 왕씨(氏)입니다.

단어

喂　wéi 여보세요
订餐　dìngcān 식사 예약(을 하다)
~位　~wèi ~명(분)
用餐　yòngcān 식사하다
您贵姓　nín guì xìng 성함이 어떻게 되시나요?

 알아두세요!! '您贵姓? Nín guì xìng?'은 '你姓什么? Nǐ xìng shénme?'를 높여서 말하는 표현이며, '我姓 + 성'으로 대답한다.

여러 가지 중국 요리

四川菜 Sìchuāncài 쓰촨 요리

东北菜 Dōngběicài 둥베이 요리

上海菜 Shànghǎicài 상하이 요리

北京菜 Běijīngcài 베이징 요리

湖南菜 Húnáncài 후난 요리

广东菜 Guǎngdōngcài 광둥 요리

어순 설명

(1) 我想订 + 명사 : 저는 ~을 예약하고 싶습니다

我想订餐。
저는 식사를 예약하고 싶습니다.

(2) 주어 + 시간 명사 + 동사 + 명사 : ~는 언제 ~를 ~합니까?

(你们)几点用餐?
몇 시에 식사하십니까?

 한 걸음 더!!

步·步·高

┌─ 전화 거는 방법 ─┐

(미진이 왕징의 집에 전화를 하고 있다)

A : 미진   B : 왕징

A : 喂，我是美真。请问，王京在家吗?
　　Wéi, wǒ shì Měizhēn. Qǐngwèn, Wáng Jīng zài jiā ma?

B : 我是王京。Wǒ shì Wáng Jīng.

A : 王京，你好！明天晚上你有时间吗?
　　Wáng Jīng, nǐ hǎo! Míngtiān wǎnshang nǐ yǒu shíjiān ma?

B : 有。你有事吗? Yǒu. Nǐ yǒu shì ma?

A : 我们一起吃晚饭，怎么样? Wǒmen yìqǐ chī wǎnfàn, zěnmeyàng?

B : 好啊！Hǎo a!

A : 那明天见！Nà míngtiān jiàn!

B : 明天见！Míngtiān jiàn!

단어

家 jiā 집　　　时间 shíjiān 시간　　　事 shì 용건, 일

패턴 연습

밑줄 친 단어를 바꿔 넣어 연습합시다.

1 我 想 订 <u>餐</u>。
   两张机票
   一个包间

2 你们 几点 <u>用餐</u>?
   吃早饭
   出发
   到

休·息·一·下

★중국 각 지역별 요리는 어떤 특징이 있을까?

'중국 요리'라고 통틀어서 말하기는 하지만 각 지방에 따라 요리의 재료, 조리법, 맛은 전혀 다릅니다. 따라서 중국에 가기 전에 'OO요리를 먹고 싶다.'라고 구체적으로 정해 두지 않으면 가게를 찾기가 매우 힘듭니다.

중국 요리를 크게 분류하면 'Běijīngcài 北京菜, Shànghǎicài 上海菜, Sìchuāncài 四川菜, Guǎngdōngcài 广东菜'로 나누어지지만, 현재는 지방을 불문하고 중국 각지에서 이 요리들을 만나볼 수 있습니다. 이 외에도 'Húnáncài 湖南菜, Dōngběicài 东北菜'가 유명합니다. 중국에는 '南甜北咸, 东辣西酸 nán tián běi xián, dōng là xī suān (남쪽 음식은 달고, 북쪽 음식은 짜며, 동쪽 음식은 맵고, 서쪽 음식은 시다)'라는 말이 있는데, 말 그대로 북쪽 지방의 요리는 약간 짜고, 남쪽 지방의 요리는 단맛이 특징이어서 한국인들도 무리 없이 먹을 수 있습니다. 매운맛을 좋아한다면 매운맛의 본고장인 쓰촨 요리와 후난 요리를 먹어 보는 것도 좋을 것 같습니다.

주문하기 (1)

 식당에서

王京: 先 要 半 只 烤鸭。
　　　시엔 야오 빤 즈 카오야.
　　　Xiān yào bàn zhī kǎoyā.

美真: 再 来 一 瓶 冰镇 啤酒。
　　　짜이 라이 이 핑 삥쩐 피지우.
　　　Zài lái yì píng bīngzhèn píjiǔ.

服务员: 要 什么 啤酒?
　　　　야오 션머 피지우?
　　　　Yào shénme píjiǔ?

　　　有 燕京 啤酒、青岛 啤酒。
　　　요 옌징 피지우, 칭다오 피지우.
　　　Yǒu Yānjīng píjiǔ、 Qīngdǎo píjiǔ.

 해석

왕징: 먼저 오리구이 반 마리 주세요.
미진: 차가운 맥주 1병도 주세요.
점원: 맥주는 어떤 걸로 하시겠어요?
　　　옌징 맥주, 칭다오 맥주가 있습니다.

 단어

先　xiān 먼저
要　yào ~를 원하다
只　zhī ~마리
再　zài 그리고, 더
来　lái ~을 주세요
冰镇　bīngzhèn 얼음에 채우다, 얼음으로 차게 하다
啤酒　píjiǔ 맥주

알아두세요!! '来 lái'는 본래 '오다'라는 뜻이지만 식당에서 주문 할때에도 사용합니다. 이 경우는 '要 yào'와 같은 사용법으로 '~를 주세요'라는 의미가 됩니다.

118

메뉴 읽는 법

肉类 ròulèi 고기 요리

蔬菜类 shūcàilèi 야채 요리

主食 zhǔshí 주식

酒水类 jiǔshuǐlèi 술과 음료

甜食 tiánshí 디저트

鱼贝类 yúbèilèi 해산물

小吃、点心 xiǎochī、diǎnxīn 스낵, 간식

水果 shuǐguǒ 과일

冷盘 lěngpán 전채

汤 tāng 스프

菜单 càidān 메뉴

어순 설명

(1) 주어 + **先** + 동사 + 수식어 + 명사 : ~는 먼저 ~를 ~하다

　　(我)先要一只烤鸭。
　　　먼저 오리구이 한 마리 주세요.

(2) 주어 + **再** + 동사 + 수량사 + 명사 : ~는 ~를 ~만큼 더 ~하다

　　(我)再来一瓶啤酒。
　　　맥주 한 병 더 주세요.

한 걸음 데!!

술과 음료수

冰水 bīngshuǐ 냉수	酸梅汤 suānméitāng 오매탕	绍兴酒 shàoxīngjiǔ 사오싱주	茅台酒 máotáijiǔ 마오타이주
热咖啡 rè kāfēi 뜨거운 커피	冰红茶 bīng hóngchá 아이스티	雪碧 Xuěbì 스프라이트	可口可乐 Kěkǒu Kělè 코카콜라

*오매탕 : 매실을 물에 담그거나 끓인 후 설탕을 넣어 만든 새콤달콤한 여름철 음료.

패턴 연습

밑줄 친 단어를 바꿔 넣어 연습합시다.

1 (我)   先 要   一只烤鸭。
   (我)   一杯牛奶
   (我们)   两杯热咖啡
   (我们)   三杯红茶

2 (我)   再 来   一瓶   啤酒。
   (我们)   要   两杯   冰咖啡
               吃   一个   面包
               喝   一杯   可口可乐

休·息·一·下

★ 중국의 술

중국의 유명한 술이라고 하면 역시 'máotáijiǔ 茅台酒 마오타이주'와 'shàoxīngjiǔ 绍兴酒 샤오싱주'를 들 수 있습니다. 'shàoxīngjiǔ 绍兴酒 샤오싱주'는 저장성 샤오싱에서 생산되기 때문에 이와 같이 불리게 되었습니다. 미지근하게 데운 술에 얼음사탕을 넣어서 마시는 것이 일반적이며, 기호에 따라 'huàméi 话梅 매실 장아찌'를 넣기도 합니다. 또한 여행에서 빠질 수 없는 것은 맥주입니다. 주의해야 할 것은, 중국에서는 맥주를 차게 마시는 습관이 없기 때문에 'bīngzhèn píjiǔ 冰镇啤酒'라고 주문하지 않는 이상 미지근한 맥주가 나온다는 점입니다. 베이징에서는 생맥주를 'zhāpí 扎啤'라고 부르지만 상하이에서는 'shēngpí 生啤'라고 합니다.

08 주문하기(2)

 MP3-40   먹고 싶은 요리를 주문하다

美真: 请问, 有没有 "清炒豆苗"?
　　　칭원,　　요 메이요　　'칭차오떠우미아오'?
　　　Qǐngwèn, yǒu méiyǒu qīngchǎo dòumiáo?

服务员: 有。要 一 个 吗?
　　　　요. 야오 이 거 마?
　　　　Yǒu. Yào yí ge ma?

美真: 好, 要 一 个。
　　　하오, 야오 이 거.
　　　Hǎo, yào yí ge.

 해석

미진: 실례합니다, "콩줄기 볶음"이 있나요?
점원: 있습니다. 1인분 드릴까요?
미진: 네, 1인분 주세요.

 단어

请问　qǐngwèn 실례합니다
有没有　yǒu méiyǒu ~는 있습니까?
清炒　qīngchǎo (재료를 그대로) 볶다
豆苗　dòumiáo 완두의 줄기와 잎

알아두세요!! '请问 qǐngwèn'은 상대방에게 무언가 물어보기 위해 부르는 말로 쓰며, 뒤에는 묻고 싶은 내용을 이야기한다.

关联词语

여러 가지 조리법

糖醋 tángcù 식초·설탕·녹말가루를 넣어 걸쭉하고 새콤달콤하게 만든 소스. 탕수육 소스

清蒸 qīngzhēng 간장 등의 조미료를 넣지 않고 찜

红烧 hóngshāo 기름, 설탕을 넣고 볶은 후 간장을 넣어 익힘

软炸 ruǎnzhá 튀김옷을 입혀 튀김

酱爆 jiàngbào 기름과 된장을 넣고 센 불에 볶음

鱼香 yúxiāng 어향 소스

蚝油 háoyóu 굴소스

清蒸鱼 qīngzhēngyú 생선찜

什锦 shíjǐn 여러 가지 재료를 섞어 만든 음식

宮保鸡丁 gōngbǎojīdīng 닭고기 고추 볶음

* yúxiāng **鱼香** 어향: 마늘, 생강과 고추, 된장, 흑초로 양념한 쓰촨 요리 조리법의 하나.

123

어순 설명

(1) 请问, 有没有 + 명사 : 실례합니다만, ~는 있습니까?

请问，有没有"清炒豆苗"?
실례지만, "콩줄기 볶음" 있습니까?

(2) 要 + 수량사 + 명사 + 吗? : ~필요하세요?, ~주문하시겠습니까?

要一个"清炒豆苗"吗?
"콩줄기 볶음" 1인분 주문하시겠어요?

 한 걸음 더!!

鱼香肉丝（四川）
yúxiāngròusī(Sìchuān)
채 썬 고기를 쓰촨식으로 볶은 것

木须肉（北京）
mùxūròu(Běijīng)
고기, 달걀과 목이버섯을 볶은 것

松鼠桂鱼（南京）
sōngshǔguìyú(Nánjīng)
튀긴 볼락을 다람쥐 형태로 말아서
'tángcù 糖醋 탕수육 소스'를 뿌린 요리

蚝油牛肉（广东）
háoyóuniúròu(Guǎngdōng)
쇠고기 굴소스 볶음

패턴 연습

밑줄 친 단어를 바꿔 넣어 연습합시다.

1 请问，有没有 <u>清炒豆苗</u> ？

　　　　　　　　鱼香肉丝
　　　　　　　　清蒸鱼

2 要 一个 <u>木须肉</u> 吗?

　　　一个　　蚝油牛肉
　　　一杯　　扎啤
　　　一瓶　　绍兴酒

休·息·一·下

★ 해산물 요리의 주문 방법

최근 해산물 요리 식당에서는 수조 안에 살아 있는 어패류 등을 미리 준비해 두는 경우가 늘어나고 있는데, 재료가 신선한만큼 아무래도 조금 비싸다고 할 수 있습니다. 메뉴에 적혀 있는 가격은 대부분 'yì jīn 一斤 (500g)', 'yì liǎng 一两 (50g)' 정도에 얼마라고 하는 표시이므로, 1인분과 착각하지 않도록 주의합시다.

주문할 때에는 점원이 손님과 함께 수조까지 가서 그 자리에서 손님이 고른 재료의 무게를 재고 그 가격도 바로 알려줍니다. 또한 조리법을 요구할 수 있으므로 볶음으로 할지 찜으로 할지 등 주문하고 싶은 방법을 사전에 메모해 두는 것이 편리할 것입니다.

09 주문하기(3)

 옆 테이블과 같은 요리 주문하기

美真: 王京，你看，那是什么?
　　　Wáng Jīng, nǐ kàn, nà shì shénme?

王京: 好像 是 烧饼。
　　　Hǎoxiàng shì shāobǐng.

　　　我们 也 尝尝 吧。
　　　Wǒmen yě chángchang ba.

(미진이가 종업원을 향해)

美真: 要 一 份 跟 那个 一样 的。
　　　Yào yí fèn gēn nàge yíyàng de.

미진: 왕징, 봐 봐, 저건 뭐예요?
왕징: '사오빙'인 것 같아요. 우리도 먹어 볼까요?
(미진이가 종업원을 향해)
미진: 저것과 같은 걸로 1인분 주세요.

好像　hǎoxiàng 마치 ~와 같다
烧饼　shāobǐng 사오빙
份　　fèn ~인분
跟　　gēn ~와
一样　yíyàng 같다, 동일하다

주식 - 디저트 메뉴

粥 zhōu 죽

锅贴 guōtiē 군만두

馄饨 húntun 훈툰(일종의 만둣국)

烧卖 shāomài 찐만두

小笼包 xiǎolóngbāo 샤오룽바오(작은 고기만두)

春卷儿 chūnjuǎnr 춘권, 스프링 롤

烧饼 shāobǐng 샤오빙

炒饭 chǎofàn 볶음밥

饺子 jiǎozi 물만두

芝麻球 zhīmaqiú 참깨경단

어순 설명

(1) 好像是 + 명사 : 마치 ~와 같다

好像是烧饼。
사오빙 같습니다.

(2) 주어 + 要 + 양사 + 跟 ~ 一样的 : ~는 ~와 같은 것을 원하다

(我)要一份跟那个一样的。
저것과 같은 걸로 1인분 주세요.

한 걸음 더!!

汤圆
tāngyuán
삶은 하얀 경단.
북쪽 지방에서는
'yuánxiāo 元宵'
라고 한다.

拔丝苹果
básī píngguǒ
튀긴 사과를 끓는
설탕물에 졸인 것
(사과맛탕)

艾窝窝
àiwōwo
찹쌀을 쪄서 팥과 설탕을
버무린 경단

脆皮炸鲜奶
cuìpízháxiānnǎi
우유, 연유, 코코넛밀크와
녹말가루를 반죽하여
살짝 튀긴 과자

패턴 연습

밑줄 친 단어를 바꿔 넣어 연습합시다.

1 好像是 <u>芝麻烧饼</u>。
　　　　　小笼包
　　　　　汤圆
　　　　　拔丝苹果

2 要 <u>一份</u> 跟 <u>那个</u> 一样的。
　　　一个　　　这个
　　　一本　　　他
　　　一支

开封灌汤小笼包子
(百年老号)
第一楼

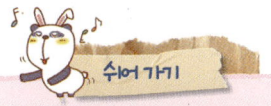

休·息·一·下

★요리 주문하기

한국에서는 중국 요리를 코스로도 많이 먹는 편이지만, 현지에서는 1인분씩 나뉘어진 정식이나 코스 요리가 별로 없고, 대부분 큰 접시에 요리 한 가지씩 담겨 나옵니다. 너무 많이 주문하지 않도록 사람 수에 맞춰 'zhǔcài 主菜 메인 요리'에 1~2종류의 'lěngpán 冷盘 전채'와 'tāng 汤 스프'를 고르는 것이 좋습니다.
메인 요리는 고기와 생선에 야채 요리를 더하여 주문하는 것이 좋습니다. 또한 'xiǎochī 小吃 차에 곁들이는 과자'를 주문하려면 메인 요리를 조금 적게 먹는 게 좋습니다.

실력 다지기

1 발음을 듣고 병음을 받아 적으세요.
① _____ ② _____ ③ _____
④ _____ ⑤ _____ ⑥ _____

2 적절한 양사를 넣으세요.
① 一（　　　）烤鸭　　② 两（　　　）冰水
③ 三（　　　）面包　　④ 四（　　　）啤酒

3 다음 요리의 한국어 뜻을 쓰세요.
① 麻婆豆腐
② 涮羊肉
③ 清蒸鱼
④ 烧卖
⑤ 小笼包
⑥ 芝麻球

1 ① dìngcān ② xiǎochī ③ kāfēi ④ hóngchá ⑤ chǎofàn ⑥ jiǎozi
2 ① 只 ② 杯 ③ 个 ④ 瓶
3 ① 마파두부 ② 양고기 샤브샤브 ③ 생선찜 ④ 찐만두 ⑤ 작은 고기만두 ⑥ 참깨경단

관련 표현_베이징의 간식

资料库

冰糖葫芦
bīngtánghúlu

산사나무 열매를 꼬치에 끼워 시럽으로 굳힌 새콤달콤한 과일 꼬치로, 베이징 아이들이 가장 좋아하는 간식거리이다. 주로 과일 등으로 만들며, 한국에서도 비슷한 것을 볼 수 있다.

豆浆·油条
dòujiāng · yóutiáo

더우장: 두유.
여우탸오: 밀가루를 반죽하여 막대 모양으로 만든 후 기름에 튀긴 중국식 도넛 같은 것으로 아침 식사로 주로 먹는다.

茶汤 **chátāng**

볶은 수숫가루와 기장에 뜨거운 물을 부어 설탕을 섞어 먹는 보리 미숫가루 같은 것으로 걸쭉하다.

131

식사에 초대하기

1. 你饿不饿?
   Nǐ è bu è? 배고프세요?

2. 你喜欢吃什么菜?
   Nǐ xǐhuan chī shénme cài?
   당신은 어떤 요리를 좋아하세요?

3. 这附近有一家有名的四川菜餐厅。
   Zhè fùjìn yǒu yì jiā yǒumíng de Sìchuāncài cāntīng.
   이 주변에는 유명한 쓰촨 음식점이 있습니다.

4. 我知道一家好吃的广东饭馆。
   Wǒ zhīdao yì jiā hǎochī de Guǎngdōng fànguǎn.
   저는 맛있는 광둥 음식점을 하나 알고 있습니다.

전화로 예약하기

1. 你们那儿可以订餐吗?
   Nǐmen nàr kěyǐ dìngcān ma? 거기는 식사 예약이 가능한가요?

   可以。/ 不可以。
   Kěyǐ. / Bù kěyǐ. 가능합니다. / 안 됩니다.

2. 有单间吗?
   Yǒu dānjiān ma? 객실은 있습니까?

   有。/ 没有。
   Yǒu. / Méiyǒu. 있습니다. / 없습니다.

   对不起。六点已经订满了。七点怎么样?
   Duìbuqǐ. Liù diǎn yǐjīng dìngmǎn le. Qī diǎn zěnmeyàng?
   죄송합니다. 6시는 이미 만석입니다. 7시는 어떠십니까?

> **알아두면 좋은 단어**
>
> 靠窗 kàochuāng 창가
> 安静的座位 ānjìng de zuòwèi 조용한 자리
> 禁烟席 jìnyānxí 금연석
> 套餐 tàocān 코스 요리, 세트

 식당에 들어가기

1 欢迎光临！
   Huānyíng guānglín! 어서 오세요.

2 请这边坐。/ 请上二楼。
   Qǐng zhèbiān zuò. / Qǐng shàng èr lóu.
   이쪽으에 앉으세요./ 2층으로 올라가세요.

3 现在没座位。请等一下。
   Xiànzài méi zuòwèi. Qǐng děng yíxià.
   지금은 자리가 없습니다. 잠시만 기다려 주세요.

4 坐这儿行吗?
   Zuò zhèr xíng ma? 여기에 앉아도 되나요?

 주문하기

1 您点什么菜?
   Nín diǎn shénme cài? 어떤 요리를 주문하시겠어요?

2 您喝什么饮料?
   Nín hē shénme yǐnliào? 어떤 음료를 드시겠어요?

3 要酒水吗?
   Yào jiǔshuǐ ma? 술과 음료를 주문하시겠어요?

4 有没有英语的菜单?
   Yǒu méiyǒu Yīngyǔ de càidān? 영어 메뉴가 있습니까?

5 你们这儿的特色菜是什么?
   Nǐmen zhèr de tèsè cài shì shénme?
   이곳의 특선 요리는 무엇입니까?

6 点这些菜，三个人够吗?
   Diǎn zhèxiē cài, sān ge rén gòu ma?
   3명이 이만큼 주문하면 (양이) 충분합니까?

酒水单
jiǔshuǐdān 술·음료 메뉴판

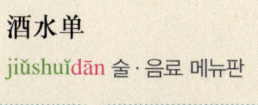

10 식사법 질문하기

 베이징 오리구이가 나오다

美真: 我 第 一 次 吃 北京 烤鸭。
　　　워　띠　이　츠　츠　베이징　카오야.
　　　Wǒ dì yī cì chī Běijīng kǎoyā.

　　　怎么 吃?
　　　쩐머　츠?
　　　Zěnme chī?

王京: 这样 吃。你看，这 是 荷叶饼，
　　　쩌양　츠.　니 칸,　쩌 스　허예빙,
　　　Zhèyàng chī. Nǐ kàn, zhè shì héyèbǐng,

　　　这 是 甜面酱……
　　　쩌 스 티엔미엔찌앙……
　　　Zhè shì tiánmiànjiàng……

 해석

미진: 저는 베이징 오리구이를 처음 먹어요.
어떻게 먹나요?

왕징: 이렇게 먹습니다. 보세요. 이게 밀전병,
이게 춘장 소스예요.

 단어

荷叶饼　héyèbǐng　오리 요리를 싸서 먹는 밀전병
第一次　dì yī cì　처음
怎么　zěnme　어떻게
这么　zhème　이렇게
甜面酱　tiánmiànjiàng　춘장 소스

관련 단어

黄瓜条 huángguātiáo 막대 모양으로 썬 오이

葱条 cōngtiáo 채 썬 양파

鸭汤 yātāng 오리의 뼈를 끓인 스프

鸭片 yāpiàn
통째로 구운 오리고기를 얇게 썬 것

요리사가 통째로 구운 오리고기를 얇게 썰고 있다.

어순 설명

(1) 주어 + 第一次 + 동사 + 명사 : ~는 ~를 ~하는 것이 처음이다.

我第一次吃北京烤鸭。
저는 처음으로 베이징 오리구이를 먹습니다.

(2) ~ 怎么/这样 + 동사 : ~는 어떻게 / 이렇게 ~하다

怎么吃?
어떻게 먹습니까?

这样吃。
이렇게 먹습니다.

 한 걸음 더!!

步・步・高

担担面 dàndànmiàn 단단미엔	酸辣汤 suānlàtāng 쏸라탕	东坡肉 dōngpōròu 돼지고기 수육

脆皮乳猪 cuìpírǔzhū 새끼 돼지 통구이	羊肉串 yángròuchuàn 양고기 꼬치구이	炒米粉 chǎomǐfěn 볶음면

*단단미엔: 매운 양념을 넣어 먹는 쓰촨식 국수
*쏸라탕: 두부와 닭이나 돼지의 선지를 잘게 썰고, 갈분, 후추, 식초를 넣어 끓인 국

패턴 연습

밑줄 친 단어를 바꿔 넣어 연습합시다.

1 我 第一次 <u>吃</u> <u>北京烤鸭</u>。

吃	涮羊肉
来	上海
喝	青岛啤酒

2 <u>大闸蟹</u> 怎么 <u>吃</u>?

汉字	写
颐和园	去
这个	用

休·息·一·下

★베이징 오리구이의 이모저모

전통 있는 베이징 오리구이 가게를 꼽으라면 'Quánjùdé 全聚德'가 유명하지만, 최근에는 길에서 흔히 볼 수 있는 전문 식당에서도 맛있게 먹을 수 있습니다. 베이징 오리구이는 고기가 많이 붙어 있으며, 껍질이 바삭바삭하고, 육즙이 풍부하여 정말로 맛있습니다.

한국에서 이 요리를 먹으려면 가격이 조금 부담되겠지만, 중국에서는 그렇게 비싸지 않습니다. 또한 음식 이름이 'Běijīng kǎoyā 北京烤鸭'지만 베이징에서만 먹을 수 있는 것이 아니며, 중국의 대부분 지방에서 맛볼 수 있습니다.

11 개인 접시 부탁하기

 개인 접시가 필요해진 미진과 왕징

王京: 服务员！请 给 我 两 个 小碟儿。
　　　푸우위앤!　칭 게이 워 량 거 시아오디얼.
　　　Fúwùyuán! Qǐng gěi wǒ liǎng ge xiǎodiér.

美真: 请 再 给 我 看看 菜单。
　　　칭 짜이 게이 워 칸칸 차이딴.
　　　Qǐng zài gěi wǒ kànkan càidān.

服务员: 请 稍 等！
　　　　칭 샤오 덩!
　　　　Qǐng shāo děng!

왕징: 여기요! 개인 접시 2개 주세요.
미진: 메뉴도 다시 보여 주세요.
점원: 잠시만 기다려 주세요.

给　gěi 주다.
小碟儿　xiǎodiér 개인 접시
请稍等　qǐng shāo děng 잠시만 기다려 주세요

'请稍等 Qǐng shāo děng'은 '请等一下 Qǐng děng yíxià'보다 조금 더 정중한 표현입니다.

关联词语

식기 등

勺子 sháozi 숟가락

叉子 chāzi 포크

餐巾 cānjīn 냅킨

擦手巾 cāshǒujīn 물수건

餐巾纸 cānjīnzhǐ 종이 냅킨

牙签 yáqiān 이쑤시개

烟灰缸 yānhuīgāng 재떨이

杯子 bēizi 컵

盘子 pánzi 접시

碗 wǎn 밥공기

筷子 kuàizi 젓가락

어순 설명

(1) **请给我** + (양사) + 명사 : 저에게 ~를 주세요

请给我两个小碟儿。
개인 접시 2개 주세요.

(2) **请给我** + **看看** + 명사 : 저에게 ~를 보여 주세요

请给我看看菜单。
메뉴를 보여 주세요.

한 걸음 더!!

패턴 연습

밑줄 친 단어를 바꿔 넣어 연습합시다.

1　请 给 我 <u>两个</u> <u>小碟儿</u>。
　　　　　　　三个　　杯子
　　　　　　　一双　　筷子
　　　　　　　一个　　叉子
　　　　　　　　　　　酱油

2　请 给 我 看看 <u>菜单</u>。
　　　　　　　　　酒单
　　　　　　　　　这个
　　　　　　　　　那个

休·息·一·下

★ 중국의 식사 문화

중국 음식점에 가면 원탁을 심심찮게 볼 수 있는데, 왜 그런지 알고 계세요?
중국 요리는 큰 접시에 수북이 담아 여러 명이 테이블에 둘러앉아 먹는 경우가 많기 때문에, 어느 자리에서도 쉽게 집을 수 있도록 하기 위해서 입니다.
또한 식사를 할 때 중국식 건배를 꼭 해야 합니다. 건배라고 하면 컵에 담긴 술을 서로 한 번에 다 마시는 것이 매너라고들 하지만, 지금은 한 번에 다 마시기보다 'suíyì suíyì 随意！随意！마음대로！'라고 하며 자신의 페이스에 맞춰 마시는 것이 보편화되었습니다.

12 식사 중 트러블

 주문한 요리가 좀처럼 나오지 않는다

王京: 服务员，我们 要 的 菜 还 没 来。
　　　푸우위엔, 워먼 야오 더 차이 하이 메이 라이.
　　　Fúwùyuán, wǒmen yào de cài hái méi lái.

服务员: 对不起，马上 拿来。
　　　뚜이부치, 마상 나라이.
　　　Duìbuqǐ, mǎshàng nálai.

(주문하지 않은 요리가 나왔다.)

王京: 诶?! 我们 没 要 这 个 菜。
　　　에이?! 워먼 메이 야오 쩌 거 차이.
　　　Éi?! Wǒmen méi yào zhè ge cài.

服务员: 真 抱歉。
　　　쩐 빠오치엔.
　　　Zhēn bàoqiàn.

왕징: 여기요, 저희가 주문한 요리가 아직 안 나왔는데요.
점원: 죄송합니다. 바로 갖다 드리겠습니다.
(주문하지 않은 요리가 나왔다.)
왕징: 어?! 저희는 이 요리를 주문하지 않았습니다.
점원: 정말 죄송합니다.

还没　hái méi　아직 ~하지 않다
对不起　duìbuqǐ　미안합니다
马上　mǎshàng　바로, 곧
拿来　nálai　가져오다
没　méi　~하지 않다, ~하지 않았다
真　zhēn　정말로, 진심으로
抱歉　bàoqiàn　죄송합니다

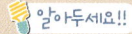 '抱歉 bàoqiàn'은 '对不起 duìbuqǐ'보다 더 깊이 사과할 때 쓰는 말이다.

양념에 바라는 것이 있다면

请少放油！
Qǐng shǎo fàng yóu!
기름을 적게 넣어 주세요.

不要太辣了。
Búyào tài là le.
너무 맵게 하지 마세요.

不要太咸了。
Búyào tài xián le.
너무 짜게 하지 마세요.

芒果布丁 mángguǒ bùdīng 망고 푸딩

清炒虾仁 qīngchǎoxiārén 새우살 볶음

面条 miàntiáo 국수

어순 설명

(1) 주어 + 还没 + 동사 : ~는 아직 ~하지 않다

我们要的菜还没来。
저희가 주문한 요리가 아직 나오지 않았습니다.

(2) 주어 + 没 + 동사 + 명사 : ~는 ~를 ~하지 않았다

我们没要这个菜。
저희는 이 요리를 주문하지 않았습니다.

 한 걸음 더!!

步・步・高

> 동사가 명사의 수식어로써 사용될 때 '的'를 써서 표현한다

동사 + 的 + 명사

要 的 菜 필요한 음식
买 的 水果 구매한 과일
换 的 钱 바꾼 돈

> 지시대명사가 명사를 수식할 때 '양사'를 붙여 나타낸다

지시대명사 + 양사 + 명사

这 个 菜 이 음식
这 个 人 이 사람
那 瓶 啤酒 그 맥주
那 双 筷子 그 젓가락

패턴 연습

밑줄 친 단어를 바꿔 넣어 연습합시다.

1   <u>我们要的菜</u> 还没 <u>来</u> 。
    她   到
    我们买的水果   吃
    他换的钱   花完

2   我们 没 <u>要</u> <u>这个菜</u> 。
         吃   涮羊肉
         买   一次性相机
         用   勺子

休·息·一·下

★ 식사 중 문제가 생긴다면

중국에서 식사 중 문제가 생겼다면 그대로 점원에게 말해도 됩니다. 젓가락이나 식기를 떨어뜨려 바꿔 달라고 할 때는 물론, 요리가 굉장히 짜다거나(太咸了), 굉장히 맵거나(太辣了) 해서 도저히 먹을 수 없을 때에는 이유를 말하고 다시 한 번 만들어 달라고 하는 것도 가능합니다. 특히 한국 사람들은 중국 음식에 흔하게 쓰이는 'xiāngcài 香菜 고수'의 냄새를 싫어하는 경우가 많으므로, 주문할 때 미리 'búyào fàng xiāngcài 不要放香菜 고수를 넣지 마세요.'라고 말해 두는 것이 좋습니다.

13 먹은 감상 말하기

PART 3
식사편

 다 먹고 나서

王京: 美真, 味道 怎么样?
　　　메이쩐　웨이따오　쩐머양?
　　　Měizhēn, wèidao zěnmeyàng?

美真: 太 好吃 了! 啤酒 也 很 好喝。
　　　타이 하오츠 러! 피지우 예 헌 하오허.
　　　Tài hǎochī le! Píjiǔ yě hěn hǎohē.

王京: 吃饱 了 吗?
　　　츠 바오 러 마?
　　　Chībǎo le ma?

美真: 吃饱 了。
　　　츠 바오 러.
　　　Chībǎo le.

王京: 那 要 一 壶 茶 吧。
　　　나 야오 이 후 챠 바.
　　　Nà yào yì hú chá ba.

 해석

왕징: 미진, 맛은 어땠나요?
미진: 정말 맛있었어요. 맥주도 맛있었고요.
왕징: 배부르세요?
미진: 배불러요.
왕징: 그러면 차를 주문하죠.

단어

味道　wèidao 맛
怎么样　zěnmeyàng 어떻습니까?
太~了　tài ~ le 굉장히 ~하다
好吃　hǎochī 맛있다
好喝　hǎohē (음료가) 맛있다
吃饱　chībǎo 배부르다
壶　hú 단지, 항아리
茶　chá 차

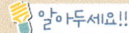 알아두세요!! '味道 wèidao'는 구어에서 '味儿 wèir'이라고 합니다. '味儿'은 '맛'이라는 뜻 외에 '냄새'라는 뜻도 있습니다.

맛에 관한 표현

味道很好(= **味道很香**)
wèidao hěn hǎo(=wèidao hěn xiāng) 맛이 좋다

可口 kěkǒu 입에 맞다

油腻 yóunì 느끼하다

辣 là 맵다

咸 xián 짜다

清淡 qīngdàn 담백하다

甜 tián 달다

酸 suān 시다

중국의 식당 내부 모습

유명한 베이징 오리구이 전문점 '全聚德 Quánjùdé'

어순 설명

(1) 명사 + 怎么样？ : ~는 어떠세요?

味道怎么样？
맛은 어떠세요?

(2) 주어 + 太 + 형용사 + 了 : ~는 굉장히 ~하다

太好吃了。
굉장히 맛있습니다.

한 걸음 더!!

花茶 huāchá 화차(꽃차)
龙井茶 lóngjǐngchá 용정차
乌龙茶 wūlóngchá 우롱차
菊花茶 júhuāchá 국화차
普洱茶 pú'ěrchá 보이차
八宝茶 bābǎochá 팔보차

*팔보차: 구기자, 대추, 건포도 등이 들어간 차

패턴 연습

밑줄 친 단어를 바꿔 넣어 연습합시다.

1   A: 味道怎么样?

       B: 味道 <u>很好</u>。

              太辣了
              很合口

2   太 <u>好吃</u> 了。

        漂亮
        热
        冷

休・息・一・下

★중국차를 마시는 방법

중국차는 굉장히 종류가 많아서 어떤 차를 마시면 좋을지 고민하는 분이 많을 것입니다. 실제로 지방에 따라 특산 차가 각각 다릅니다. 방문지에서는 꼭 각 지방의 특색 있는 차를 마셔 보세요.
예를 들어 북쪽에 가면 'mòlìhuāchá 茉莉花茶 재스민차'를, 남쪽에 가면 'lóngjǐnglùchá 龙井绿茶 용정녹차'를, 푸젠성 근처라면 'wūlóngchá 乌龙茶 우롱차'를 마실 수 있습니다. 이 차들은 대부분 음식점에서도 마셔 볼 수 있으므로 요리에 맞춰서 각 지방의 특산 차를 주문하는 것도 차를 맛볼 수 있는 방법 중 하나입니다.

14 지불하기

 식사를 끝내고

王京: 服务员，请 结账。
　　　Fúwùyuán, qǐng jiézhàng.
　　　푸우위엔, 칭 지에짱.

服务员: 一共 八十六 块 钱。
　　　　Yígòng bāshíliù kuài qián.
　　　　이꽁 빠스리우 콰이 치엔.

美真: 我 也 要 付。
　　　Wǒ yě yào fù.
　　　워 예 야오 푸.

王京: 不，你 是 客人，我 请客。
　　　Bù, nǐ shì kèrén, wǒ qǐngkè.
　　　뿌, 니 스 커런, 워 칭커.

왕징: 종업원, 계산해 주세요.
점원: 전부 86원입니다.
미진: 저도 낼게요.
왕징: 아니요, 당신은 손님이니까 제가 대접하겠습니다.

结账　jiézhàng 계산하다
一共　yígòng 전부, 합계
付　　fù 지불하다
客人　kèrén 손님
请客　qǐngkè 한턱내다, 대접하다

> **알아두세요!!** '结账 jiézhàng'은 식당에서도 호텔에서도 '정산하다'라는 의미로 사용된다. 현재 유행하는 말인 '买单 mǎidān'도 계산하다라는 의미이지만, 식사를 할때에만 사용한다.

접대를 받으면

我吃好了，太谢谢您了！
Wǒ chīhǎo le, tài xièxie nín le!
잘 먹었습니다. 정말 감사합니다.

让您破费了！
Ràng nín pòfèi le!
당신에게 신세를 졌습니다!

谢谢您的盛情款待！
Xièxie nín de shèngqíng kuǎndài!
정성스럽게 대접해 주셔서 감사합니다.

收银台 shōuyíntái 계산대

宫廷菜 gōngtíng cài 궁중 요리

어순 설명

(1) 一共 + 수량사 : 전부~

一共多少钱?
전부 얼마입니까?

(2) 주어 + 请客 : ~가 대접하다

我请客。
제가 대접하겠습니다.

한 걸음 더!!

步・步・高

여러 가지 음식점

베이징에서 유명한 '烧卖 shāomài' 찐만두 전문점

베이징 첸먼(前門)에 있는 '小笼包 xiǎolóngbāo 샤오룽바오' 가게

패턴 연습

밑줄 친 단어를 바꿔 넣어 연습합시다.

1　A: 一共 <u>多少钱</u>?

　　B: 一共 <u>二十二块四毛</u>。

　　　　十二块五毛
　　　　二百一十七块八毛
　　　　一千六百块

2　<u>我</u> 请客。

　　他
　　朋友
　　李先生

★ 각자 돈을 내는 습관은 없어?

중국에서는 지금까지 각자 부담하는 습관이 없었지만, 최근 젊은이들 사이에서는 'AAzhì, AA制'라고 하여 더치페이도 이루어지고 있습니다. 그러나 아직까지는 식사에 초대한 사람이 지불하는 케이스가 많으며, 친구 사이, 동급생 사이에는 대체로 수입이 많은 사람이 전부 내는 경우가 많은 것 같습니다. 'Jīntiān wǒ qǐngkè! 今天我请客! 오늘은 내가 낼게.'라고 하면서 말입니다. 대접을 받은 사람은 대개 'Xiàcì wǒ qǐngkè! 下次我请客! 다음에는 내가 낼게.'라며 감사의 말을 건넵니다.

실력 다지기

🎧 MP3-48 **1** 발음을 듣고 병음으로 받아쓰세요.

① _____ ② _____ ③ _____ ④ _____

⑤ _____ ⑥ _____ ⑦ _____ ⑧ _____

🎧 MP3-49 **2** 맛에 관한 표현을 병음으로 받아쓰세요.

① _____ ② _____ ③ _____ ④ _____

⑤ _____ ⑥ _____ ⑦ _____

3 음식과 관련된 표현을 중국어 병음으로 옮겨 쓰세요.

① 어떻게 먹어요?
② 메뉴 좀 보여 주세요.
③ 컵 하나만 주세요.
④ 주문한 맥주가 아직 오지 않았어요.
⑤ 너무 맵게 하지 마세요.

1 ① dì yī cì ② mǎshàng ③ wèidao ④ zěnmeyàng ⑤ hǎochī ⑥ jiézhàng ⑦ yígòng ⑧ qǐngkè
2 ① suān ② tián ③ xián ④ là ⑤ yóunì ⑥ qīngdàn ⑦ kěkǒu
3 ① Zěnme chī? ② Qǐng gěi wǒ kànkan càidān. ③ Qǐng gěi wǒ yí ge bēizi. ④ Yào de píjiǔ hái méi lái.
⑤ Búyào tài là le.

관련 표현 _ 길가의 풍경

资料库

번화가에는 커다란 간판이 눈에 띈다.

王府井小吃街
Wángfǔjǐng Xiǎochījiē
'왕푸징 먹자골목'은 언제나 많은 사람들로 북적거린다.

길가의 매점

155

 해산물 요리 주문하기 _양을 달아서 파는 해산물의 주문 방법

생선의 경우

1 这种鱼，一条大概有几斤？
Zhè zhǒng yú, yì tiáo dàgài yǒu jǐ jīn?
이 종류의 생선은 한 마리에 대략 몇 근입니까?

2 多少钱一斤？
Duōshao qián yì jīn? 한 근에 얼마입니까?

자주 사용하는 중량 단위
一斤 = 0.5公斤 *líng diǎn wǔ gōngjīn*
一斤 = 500克 *wǔbǎi kè*
一斤 = 10两 *shí liǎng* *一两 = 50克

조개류의 경우

3 一斤大概有几个？
Yì jīn dàgài yǒu jǐ ge? 한 근에 대략 몇 개입니까?

게의 경우

4 一斤大概有几只？
Yì jīn dàgài yǒu jǐ zhī? 한 근이면 대략 몇 마리입니까?

 조리 방법

1 怎么做，最好吃？
Zěnme zuò, zuì hǎochī? 어떻게 해야 제일 맛있습니까?

清蒸。
Qīngzhēng. 찜 요리입니다.

알아두면 좋은 단어
打包 dǎbāo 포장
起子 qǐzi 병따개

椒盐 jiāoyán 볶은 산초 열매에 소금을 섞어 만든 조미료
葱姜炒 cōngjiāngchǎo 파와 생강 볶음
生吃 shēngchī 회를 떠서 먹다, 날것으로 먹다
水煮 shuǐzhǔ 삶기

 차에 관해서

1 这是什么茶?
   Zhè shì shénme chá? 이건 무슨 차입니까?

2 要泡多长时间?
   Yào pào duō cháng shíjiān? 어느 정도 우려내면 되나요?

3 请加开水。
   Qǐng jiā kāishuǐ. 뜨거운 물을 더 주세요.

 커피에 관해서

1 我要热咖啡。
   Wǒ yào rè kāfēi. 뜨거운 커피 주세요.

   冰咖啡   牛奶咖啡
   bīngkāfēi 아이스커피   niúnǎi kāfēi 카페오레

2 不放糖。
   Bú fàng táng. 설탕을 넣지 말아 주세요.

3 不放牛奶。
   Bú fàng niúnǎi. 우유를 넣지 말아 주세요.

이런 음식·음료도 있다.
山枣汁 shānzǎozhī 대추 쥬스
酸奶 suānnǎi 요구르트

15 버스, 지하철 타기

PART 3
교통수단편

 혼자서 교통수단을 이용하다

美真: 请问, 公共 汽车 站 在 哪儿?
　　　칭원, 꽁꽁 치처 짠 짜이 날?
　　　Qǐngwèn, gōnggòng qìchē zhàn zài nǎr?

路人: 一直 走, 前边 就 是。
　　　이즈 저우, 치엔삐엔 찌우 스.
　　　Yìzhí zǒu, qiánbian jiù shì.

(버스 안에서 표 사기)

美真: 买 一 张 票。
　　　마이 이 짱 피아오.
　　　Mǎi yì zhāng piào.

售票员: 一 块 钱。
　　　　이 콰이 치엔.
　　　　Yí kuài qián.

미진: 실례합니다. 버스 정류장은 어디입니까?
행인: 쭉 가면 바로 앞에 있습니다.

(버스 안에서 표 사기)
미진: 표 한 장 주세요.
매표원: 1위안입니다.

站　zhàn 역, 정류장
路人　lùrén 행인
在　zài ~에 있다
一直　yìzhí 계속, 줄곧
前边　qiánbian 앞(쪽)
就是　jiù shì 바로 그렇다 (강조 표현)
售票员　shòupiàoyuán 매표원

158

교통수단을 이용할 때 쓰는 표현

我想去~，怎么走?
Wǒ xiǎng qù ~, zěnme zǒu?
저는 ~에 가고 싶은데, 어떻게 가나요?

坐出租车要多长时间?
Zuò chūzūchē yào duō cháng shíjiān?
택시를 타고 가면 시간이 얼마나 걸립니까?

在哪儿换车?
Zài nǎr huànchē?
차를 어디에서 갈아타나요?

离这儿远不远?
Lí zhèr yuǎn bu yuǎn?
여기에서 먼가요?

往左/右拐
wǎng zuǒ/yòu guǎi
왼쪽/오른쪽으로 돌아가다

信号 xìnhào 신호

十字路口 shízì lùkǒu 사거리, 교차로

159

어순 설명

(1) 주어 + 在 + 장소 명사 : ~는 ~에 있다

公共汽车站在哪儿?
버스 정류장은 어디에 있습니까?

(2) 주어 + 就是 + 명사 : ~이 바로 ~이다

前边就是公共汽车站。
앞쪽이 바로 버스 정류장입니다.

한 걸음 더!!

上边 shàngbian 위쪽	下边 xiàbian 아래쪽
前边 qiánbian 앞쪽	后边 hòubian 뒤쪽
东边 dōngbian 동쪽	西边 xībian 서쪽
南边 nánbian 남쪽	北边 běibian 북쪽

*'边'을 '面'으로 바꿔도 된다.

패턴 연습

밑줄 친 단어를 바꿔 넣어 연습합시다.

1 <u>公共汽车站</u> 在 <u>哪儿</u>?
　　出租汽车站　　　前边。
　　饭店　　　　　　东边。
　　书店　　　　　　对面。

2 <u>前边</u> 就是 <u>公共汽车站</u>。
　　旁边　　　　餐厅
　　我　　　　　美珍
　　他　　　　　老师

休·息·一·下

★ 버스, 지하철 타는 방법

중국을 여행할 때는 택시를 이용하는 경우가 많지만, 시간이 있거나 가까운 거리일 경우에는 버스나 지하철을 타는 것도 좋습니다.
사전에 행선지와 환승지를 'jiāotōng lùxiàntú 交通路线图 교통 노선도'에 표시해 두면 편리합니다. 베이징의 지하철은 정액 요금이지만, 버스의 경우에는 정액 요금도 있고 거리에 따라 바뀌는 경우도 있으니 버스를 탈 때에는 잔돈을 준비합니다. 베이징에서는 대부분의 버스 정류장에 전 노선의 정거장이 표기되어 있기 때문에 승차하기 전에 방향과 하차할 정류장을 체크해 두면 안심할 수 있습니다.

16 택시 타기

 천단 공원까지 택시를 타기로

美真: 我 去 天坛 公园, 可以 吗?
　　　Wǒ qù Tiāntán Gōngyuán, kěyǐ ma?

司机: 可以。请 上车 吧。
　　　Kěyǐ. Qǐng shàngchē ba.

……

司机: 到 了。十五 块。
　　　Dào le. Shíwǔ kuài.

美真: 谢谢! 请 给 我 发票。
　　　Xièxie! Qǐng gěi wǒ fāpiào.

미진: 천단 공원에 가고 싶은데, 가나요?
기사: 갑니다. 타세요.
……
기사: 도착했습니다. 15위안입니다.
미진: 감사합니다. 영수증 좀 주세요.

단어
可以 kěyǐ ~해도 좋다
上车 shàngchē 승차하다
发票 fāpiào 영수증(을 발행하다)

 '可以 kěyǐ'는 허가의 의미를 지닌다. ~해도 좋다, ~해도 괜찮다라는 뜻이며, 질문의 답으로 말할 때는 단독으로 '可以'라고만 해도 된다. 예: 这儿可以抽烟 chōuyān 吗? 여기서 담배를 피워도 됩니까? — 可以. 됩니다.

관련 어구

打的 / 打车 dǎdí / dǎchē 택시를 타다

计价器 jìjiàqì 요금 미터기

起价: 十块 qǐjià: shí kuài 기본 요금: 10위안

一公里一块六 yì gōnglǐ yí kuài liù
1킬로미터당 1.60위안

包车 bāochē 차를 대절하다, 대절한 차

下车 xiàchē 차에서 내리다

高峰时间 gāofēng shíjiān 러시아워

右侧通行 yòucè tōngxíng 우측 통행

高速公路 gāosù gōnglù 고속도로

163

어순 설명

(1) ~, 可以吗? : ~, 좋습니까?(괜찮나요?)

我去天坛公园，可以吗?
천단 공원에 가려고 하는데, 가나요?

(2) 주어 + 可以/不可以 + 동사 + 명사 :
~는 ~을 ~해도 된다./ ~해서는 안 된다.

你可以/不可以上车。
차에 타도 됩니다. / 차에 타서는 안 됩니다.

 한 걸음 더!!

步・步・高

我去长城，可以包车吗?
Wǒ qù Chángchéng, kěyǐ bāochē ma?
만리장성에 가려고 하는데, 차를 대절할 수 있나요?

包一天(半天)，多少钱?
Bāo yì tiān(bàn tiān), duōshao qián?
하루(한나절) 대절하는 데 얼마입니까?

要付高速公路费十块钱，可以吗?
Yào fù gāosù gōnglù fèi shí kuài qián, kěyǐ ma?
고속도로 요금으로 10위안을 내야 하는데, 괜찮습니까?

请帮我叫一辆出租车。
Qǐng bāng wǒ jiào yí liàng chūzūchē.
택시를 불러 주세요.

패턴 연습

밑줄 친 단어를 바꿔 넣어 연습합시다.

1 <u>我去天坛公园</u>，可以吗?
   我不去
   我想包车
   他不喝酒

2 <u>他</u>　可以/不可以　<u>喝酒</u>。
   这儿　　　　　　　　抽烟
   天安门前边　　　　　搭车
   那家餐厅　　　　　　用信用卡

休·息·一·下

★택시를 이용할 때

택시를 이용할 때 다음과 같은 일에 주의합시다.
택시를 타기 전에 행선지를 말하고, 그곳까지 갈 수 있는지를 확인하는 것이 좋습니다.
중국어가 서툰 경우, 행선지를 메모해서 건네주는 것도 좋은 방법입니다.
만에 하나 분실물이 생겼을 경우를 대비하여 'fāpiào 发票 영수증'을 확실히 받아 두는 것이 좋으며, 아침·저녁의 'gāofēng shíjiān 高峰时间 러시아워'에는 정체가 심하기 때문에 여유를 두고 나가도록 합니다.
또한 중국의 택시는 차종과 에어컨의 유무에 따라 요금이 다르니 주의합시다.

17 술 마시러 가기

 저녁 식사 후

王京: 我 知道 一 家 气氛 很 好 的 酒吧。
　　　워 즈따오 이 찌아 치펀 헌 하오 더 지우빠.
　　　Wǒ zhīdao yì jiā qìfēn hěn hǎo de jiǔbā.

　　　你 想 不 想 去?
　　　니 샹 뿌 샹 취?
　　　Nǐ xiǎng bu xiǎng qù?

美真: 太 好 了! 我 很 喜欢 喝 酒。
　　　타이 하오 러! 워 헌 시환 허 지우.
　　　Tài hǎo le! Wǒ hěn xǐhuan hē jiǔ.

왕징: 제가 분위기가 좋은 바를 하나 알고 있습니다.
가 보고 싶으세요?
미진: 좋습니다! 저는 술 마시는 걸 매우 좋아합니다.

知道　zhīdao 알고 있다
家　　jiā 가게, 기업 등을 셀 때 쓰는 양사
气氛　qìfēn 분위기
酒吧　jiǔbā 바, 술집
喜欢　xǐhuan (~하는 것을) 좋아하다

'气氛 qìfēn'은 실제 대화에서 'qìfen'이라고 경성으로 발음되는 경우도 있다.

알아두세요!! '家 jiā'는 가정, 가게, 기업, 병원 등을 세는 양사로 사용된다.
예: 一家人 yì jiā rén 한 가족, 一家公司 yì jiā gōngsī 회사 하나, 一家医院 yì jiā yīyuàn 병원 하나

166

관련 단어

红(白)葡萄酒 hóng(bái) pútáojiǔ 레드(화이트) 와인

威士忌 wēishìjì 위스키

白兰地 báilándì 브랜디

鸡尾酒 jīwěijiǔ 칵테일

加冰 jiā bīng 얼음을 넣다, 얼음을 넣어 마시다(온 더 록)

加水 jiā shuǐ 물을 섞다, 물을 섞어서 마시다

不加冰水 bù jiā bīngshuǐ 얼음이나 물을 섞지 않다, 얼음이나 물을 섞지 않고 마시다(스트레이트)

干杯!
Gānbēi!
건배!

为健康干杯!
Wèi jiànkāng gānbēi!
건강을 위하여 건배!

어순 설명

> **(1) 수량사 + 수식어 + 的 + 명사:** ~개의 ~한~

一家气氛很好的酒吧
분위기가 좋은 바 하나

> **(2) 주어 + 조동사 + 不 + 조동사 + 동사 + (명사):** ~는 (~를) ~합니까?

你想不想去?
당신은 가고 싶으세요?

한 걸음 더!!

양사의 정리(3)

수사	+	양사	+	명사	'个'의 정리
一		只		烤鸭	一 个 朋友
两		瓶		啤酒	一 个 邮筒
三		杯		扎啤	一 个 房间
四		个		小碟儿	一 个 信封
五		双		筷子	一 个 小时
六		家		商店	一 个 小碟儿

패턴 연습

밑줄 친 단어를 바꿔 넣어 연습합시다.

1　<u>一家</u>　<u>气氛很好</u>　的　<u>酒吧</u>。
　　一张　　很大　　　　　地图
　　一杯　　很好喝　　　　鸡尾酒
　　一盘　　很好吃　　　　水果

2　<u>你</u>　<u>想</u>　不　<u>想去</u>？
　　他　　来　　　来
　　你　　喝　　　喝 葡萄酒
　　她　　买　　　买 菊花茶

休·息·一·下

★중국에서 술을 마시려면?

4성급 이상의 호텔에는 대개 'jiǔbā 酒吧 바(bar)'가 있습니다. 조용하게 술을 마실 수 있는 곳도 있고, 대형 스크린과 'kǎlāOK 卡拉OK 가라오케' 설비가 되어 있는 곳도 있습니다.
음악과 분위기를 즐기면서 친구와 수다를 떨고, 느긋하게 쉴 수 있는 곳이 많아서 숙박객 외에 일반 손님도 많습니다.
또한 술 말고도 'kāfēi 咖啡 커피, hóngchá 红茶 홍차, Zhōngguóchá 中国茶 중국차, shuǐguǒ 水果 과일' 등이 준비되어 있으므로 술을 마시지 못해도 부담 없이 이용할 수 있으며, 이 점 때문에 많은 사람들이 바(bar)를 많이 찾습니다. 가라오케 중에는 외국 노래가 들어와 있는 곳도 많아 이용하는 외국인 손님도 늘고 있지만 그만큼 요금이 조금 비싸다고 할 수 있습니다.

18 경극 관람하기

 경극을 보러 가기

王京: 你 看过 京剧 吗?
　　　Nǐ kànguo jīngjù ma?
　　　니 칸꾸어 찡쮜 마?

美真: 没 看过。不过，我 很 感兴趣。
　　　Méi kànguo. Búguò, wǒ hěn gǎn xìngqu.
　　　메이 칸꾸어. 부꾸어, 워 헌 간 씽취.

(극장에서 경극을 보는 중)

王京: 这 是 有名 的 "霸王别姬"。
　　　Zhè shì yǒumíng de "Bàwángbiéjī".
　　　쩌 스 요우밍 더 "빠왕비에찌".

美真: 真 精彩。
　　　Zhēn jīngcǎi.
　　　쩐 찡차이.

해석

왕징: 당신은 경극을 본 적이 있습니까?
미진: 본 적이 없습니다. 하지만 관심이 많습니다.
왕징: 이게 유명한 〈패왕별희〉입니다.
미진: 정말 멋지네요.

단어

过 guo ~한 적이 있다
京剧 jīngjù 경극
不过 búguò 하지만
感兴趣 gǎn xìngqù 흥미가 있다, 관심이 있다
有名 yǒumíng 유명하다
精彩 jīngcǎi (연기 등이) 멋지다

 경극 〈Bàwángbiéjī 霸王别姬 패왕별희〉는 중국사에서 한나라와 초나라의 전쟁 중 'Liú Bāng 刘邦 유방'과 'Xiàng Yǔ 项羽 항우'의 사랑과 죽음을 다룬 이야기이며, 영화로 제작된 바 있다. 경극과 다른 스토리가 가미된 영화 〈Bàwángbiéjī 霸王别姬 패왕별희〉(1993년 제작)는 장대한 스케일의 대작으로 화제가 되었다.

연극・예능에 관한 단어

剧场 jùchǎng 극장

演员 yǎnyuán 배우

电影院 diànyǐngyuàn 영화관

二胡 èrhú 이호('호금'의 일종으로, 줄이 두 개인 중국 전통 악기)

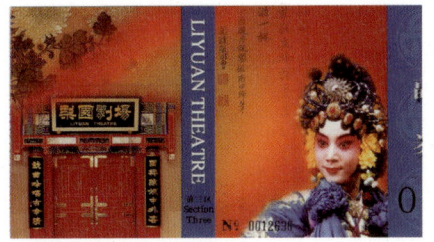

节目表 jiémùbiǎo 팸플릿

京剧剧场内的茶点 jīngjù jùchǎng nèi de chádiǎn
경극 극장내(内) 차와과자

杂技 zájì 기예

어순 설명

(1) 주어 + 동사 + 过 + 명사 : ~는 ~을 ~한 적이 있다

你看过京剧吗?
당신은 경극을 본 적이 있습니까?

(2) 주어 + 没 + 동사 + 过 + (명사) : ~는 (~을) ~한 적이 없다

我没看过。
나는 본 적이 없습니다.

> 참고) 'guo 过 (경성)'는 동사의 뒤에 사용되어 '~한 적이 있다'라는 경험을 표현합니다. 부정은 '了'(PART1의 03)의 경우와 다르기 때문에 주의하셔야 합니다.
>
> 예) 看了(봤다) → 没看(보지 않았다)
>   看过(본 적이 있다) → 没看过(본 적이 없다)

 한 걸음 데!!

步·步·高

감상을 말하는 단어

한국어	중국어
굉장하다	太棒了 tài bàng le
멋지다	好极了 hǎo jí le
대단한, 엄청난	了不起 liǎobuqǐ
재미있다	有意思 yǒu yìsi
재미없다	没有意思 méiyǒu yìsi
즐겁다	真开心 zhēn kāixīn

패턴 연습

밑줄 친 단어를 바꿔 넣어 연습합시다.

1 你 <u>看</u> 过 <u>京剧</u> 吗?

看　　杂技
去　　广州
吃　　涮羊肉

2 我 没 <u>看</u> 过。

去
吃
喝

休·息·一·下

★경극과 기예를 즐기자!

중국 여행을 하다 보면, 중국 문화도 한 번쯤 체험해 보고 싶을 것입니다. 중국 문화를 느낄 수 있는 여러 가지 공연이 있겠지만, 베이징에 가신다면 '京剧'를 추천합니다. 천면 호텔 1층에 있는 'Líyuán Jùchǎng 梨园剧场'에서는 말이 통하지 않아도 의상, 화장, 도구, 액션 등을 충분히 즐길 수 있습니다. 일반석과 특별석(차와 'xiǎochī 小吃 간식'을 제공해주는 좌석)의 가격이 다르기는 하지만 거의 100위안 정도입니다. 관심이 있다면 경극과 관련된 예술품과 CD 등도 구입할 수 있습니다.

19 안마 받기

 경극 관람 후, 안마 받기

美真: 您好！我 第 一 次 在 中国 按摩。
닌 하오! 워 띠 이 츠 짜이 쭝궈 안모어.
Nín hǎo! Wǒ dì yī cì zài Zhōngguó ànmó.

按摩师: 没 关系。疼 的话，请 告诉 我。
메이 꽌시. 텅 더화, 칭 까오쑤 워.
Méi guānxi. Téng dehuà, qǐng gàosu wǒ.

美真: 有点儿 疼。请 再 轻 一点儿。
요디알 텅. 칭 짜이 칭 이디알.
Yǒudiǎnr téng. Qǐng zài qīng yìdiǎnr.

按摩师: 好。现在 怎么样?
하오. 시엔짜이 쩐머양?
Hǎo. Xiànzài zěnmeyàng?

美真: 正 好。
쩡 하오.
Zhèng hǎo.

해석
미진: 안녕하세요! 저는 처음으로 중국에서 안마를 받는 거예요.
안마사: 괜찮습니다. 아프시면 저에게 알려 주세요.
미진: 조금 아픕니다. 좀 더 약하게 해 주세요.
안마사: 알겠습니다. 지금은 어떠세요?
미진: 딱 좋습니다.

단어
按摩(师) ànmó(shī) 안마(사)
没关系 méi guānxi 괜찮다
疼 téng 아프다
~的话 ~dehuà ~라면, ~했다면
有点儿 yǒudiǎnr 조금, 약간
轻 qīng 약하게
再~一点儿 zài~yìdiǎnr 조금 더 ~하다
现在 xiànzài 지금, 현재
怎么样 zěnmeyàng 어때, 어떻게
(상대방의 기분, 의견을 묻는 말)
正好 zhèng hǎo 딱 좋다

> 관련 단어

全身按摩 quánshēn ànmó 전신 안마

头部按摩 tóubù ànmó 머리 안마

面部按摩 miànbù ànmó 얼굴 안마

肩膀酸疼 jiānbǎng suānténg 어깨 결림

腿疼 tuǐ téng 다리가 아프다

腰疼 yāo téng 요통

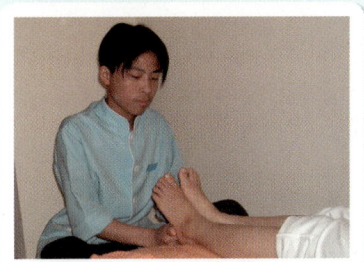

足底按摩 zúdǐ ànmó 발바닥 안마

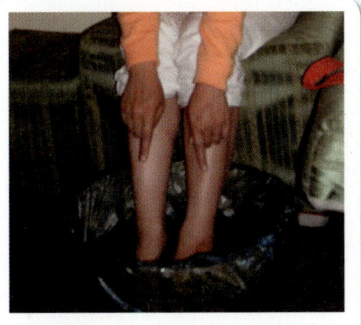

약탕에 발을 담그고 따뜻하게 하는 중

어순 설명

(1) ~的话, ~ : ~라면 ~이다

疼的话，请告诉我。
아프시면 저에게 알려 주세요.

(2) 再 + 형용사 + 一点儿 : 조금 더 ~하다

再轻一点儿。
조금 더 약하게 해 주세요.

 한 걸음 더!!

'yǒudiǎnr 有点儿 조금'은 형용사 앞에 위치하며, 마음에 들지 않는 경우에 자주 사용된다

有点儿	+	형용사
有点儿		冷
有点儿		热
有点儿		疼
有点儿		轻
有点儿		重

자주 사용하는 형용사

贵 guì 비싸다 ↔ 便宜 piányi 저렴하다   难 nán 어렵다 ↔ 容易 róngyì 쉽다
大 dà 크다 ↔ 小 xiǎo 작다   快 kuài 빠르다 ↔ 慢 màn 느리다

패턴 연습

밑줄 친 단어를 바꿔 넣어 연습합시다.

1 <u>疼</u> 的 话 ， <u>请告诉我</u> 。
　　贵　　　　　　　我不买
　　便宜　　　　　　我买三个
　　容易　　　　　　他想学

2 再 <u>轻</u> 一点儿。
　　　重
　　　快
　　　慢

休・息・一・下

★안마 가게를 이용할 때

안마 가게에서는 여러 종류로 안마를 받을 수 있습니다. 'zúdǐ ànmó 足底按摩 발 마사지'는 보통 60~90분 정도 걸리며, 약탕에 발을 담가 따뜻하게 한 후 등, 다리, 어깨 등을 부드럽게 풀어 줍니다.
전신 안마는 보통 60~120분 동안 받는데, 특정 부위를 중점적으로 부드럽게 풀어주는 등 안마를 받는 사람의 요구에 맞추어 마사지를 해 줍니다.
또 'sāngnáyù 桑拿浴 사우나'를 하고 나서 안마를 하는 곳도 있습니다. 가게에서 준비되어 있는 옷으로 갈아입는 경우도 있지만, 자신이 입고 간 옷을 그대로 입고 의자(또는 침대)에 눕는 경우도 있으므로 편한 복장으로 가시기 바랍니다. 또 사전에 예약을 하고 가면 더 원활하게 안마를 받으실 수 있을 것입니다.

177

실력 다지기

1 발음을 듣고 병음으로 받아쓰세요.

① _____ ② _____ ③ _____
④ _____ ⑤ _____ ⑥ _____

2 주어진 어구를 사용해서 문장을 완성하세요.

有点儿　一点儿　就是　过　在　给　不

① 地铁站 _____ 哪儿? ---- 前边 _____ 。
② 请 _____ 我发票。
③ 你想 _____ 想去上海?
④ 你吃 _____ 北京烤鸭吗?
⑤ 今天 _____ 热。
⑥ 请再快 _____ 。

3 A 질문에 알맞은 대답을 B에서 골라 연결하세요.

A	B
① 坐出租车要多长时间?	a. 四百块钱。
② 在哪儿换车?	b. 可以。请上车吧。
③ 离这儿远不远?	c. 大概一刻钟。
④ 我想去北京饭店，怎么走?	d. 在前门。
⑤ 我去长城，可以吗?	e. 不远。
⑥ 包一天(车)，多少钱?	f. 在十字路口，往右拐。

정답

1 ① qiánbian　② fāpiào　③ zhīdao　④ xǐhuan　⑤ méi guānxi　⑥ xiànzài
2 ① 在, 就是　② 给　③ 不　④ 过　⑤ 有点儿　⑥ 一点儿
3 ① c　② d　③ e　④ f　⑤ b　⑥ a

관련 표현_몸이 안 좋을 때

 증상을 말하기

我不舒服。
Wǒ bù shūfu. 저 몸이 좋지 않습니다.

我想吐。
Wǒ xiǎng tù. 토할 것 같습니다.

我头疼。
Wǒ tóu téng. 머리가 아픕니다.

嗓子 sǎngzi 목　　牙 yá 치아
肚子 dùzi 배　　腰 yāo 허리
胃 wèi 위　　腿 tuǐ 다리

我拉肚子。
Wǒ lā dùzi. 설사를 합니다.

我发烧。
Wǒ fāshāo. 열이 있습니다.

我嗓子肿了。
Wǒ sǎngzi zhǒng le. 목이 부었습니다.

眼睛 yǎnjing 눈　　牙龈 yáyín 잇몸

 부탁하기

有体温计吗?
Yǒu tǐwēnjì ma? 체온계 있습니까?

我想去医院。
Wǒ xiǎng qù yīyuàn. 병원에 가고 싶습니다.

哪家医院有韩国人医生?
Nǎ jiā yīyuàn yǒu Hánguórén yīshēng? 어느 병원에 한국인 의사가 있습니까?

请帮我叫救护车。
Qǐng bāng wǒ jiào jiùhùchē. 구급차를 불러 주세요.

버스

1. **请问，去～做几路车?**
   Qǐngwèn, qù ~ zuò jǐ lù chē? ~에 가려면, 몇 번 버스를 탑니까?

2. **到～在哪儿下车?**
   Dào ~ zài nǎr xiàchē? ~에 가려면 어디에서 하차합니까?

3. **有几站?**
   Yǒu jǐ zhàn? 몇 번째 정류장입니까?

4. **北海公园停吗?**
   Běihǎi Gōngyuán tíng ma? 북해 공원에서 서나요?

5. **到了北海公园，请告诉我一声。**
   Dào le Běihǎi Gōngyuán, qǐng gàosu wǒ yì shēng.
   북해 공원에 도착하면 알려 주세요.

*无人售票车 wúrénshòupiàochē 원맨 버스(승객이 미리 잔돈을 준비해서 타는 버스)일 때에는 승차할 때 요금을 요금통에 넣어야 하며, 앞문으로 승차하고 뒷문으로 하차한다.
주의 : 고액 지폐를 내면 잔돈을 못 받는 경우도 있으므로 잔돈이 있는지 확인해 보고 준비해 두는 것이 좋다.

지하철

1. **请问，在哪儿买车票?**
   Qǐngwèn, zài nǎr mǎi chēpiào? 실례지만, 표는 어디에서 삽니까?

   在那边的售票处。
   Zài nàbiān de shòupiàochù. 저쪽 매표소에서 삽니다.

   차내 방송
2. **下一站是王府井，**
   Xià yí zhàn shì Wángfǔjǐng,
   다음 역은 왕푸징(王府井)입니다.

   去往王府井大街的旅客，请下车。
   qùwǎng Wángfǔjǐng Dàjiē de lǚkè, qǐng xiàchē.
   왕푸징 거리로 가시는 손님은 내리세요.

택시

1 请到这个地方。
   Qǐng dào zhè ge dìfang. 이곳으로 가 주세요.

2 请开一下空调。
   Qǐng kāi yíxià kōngtiáo. 에어컨을 켜 주세요.

3 请在这儿停车。
   Qǐng zài zhèr tíngchē. 여기서 멈춰 주세요.

4 请打计价器。
   Qǐng dǎ jìjiàqì. 미터기를 켜 주세요.

5 我没有零钱，找得开吗?
   Wǒ méiyǒu língqián, zhǎodekāi ma? 제가 잔돈이 없는데요, 잔돈 있으세요?

 인력거

1 请问，车费怎么算?
   Qǐngwèn, chēfèi zěnme suàn?
   실례합니다. 요금은 어떻게 계산하는 건가요?

   一个人二十块，两个人三十块。
   Yí ge rén èrshí kuài, liǎng ge rén sānshí kuài. 한 사람은 20원, 둘이면 30원입니다.

2 请停一下，我想照张相。
   Qǐng tíng yíxià, wǒ xiǎng zhào zhāng xiàng.
   잠시만 세워 주세요. 사진을 찍고 싶습니다.

가라오케에서

1 请问，怎么收费？
   Qǐngwèn, zěnme shōufèi? 실례합니다만, 어떻게 요금을 받으시나요?

   门票，每位十块。
   Ménpiào, měi wèi shí kuài. 입장권은 한 사람당 10위안입니다.

   不收门票，按实际消费收费。
   Bù shōu ménpiào, àn shíjì xiāofèi shōufèi.
   입장권은 필요없고, 실제로 사용한 요금을 받습니다.

2 有没有韩文歌？
   Yǒu méiyǒu Hánwén gē? 한국어 노래는 있습니까?

3 有什么小菜？
   Yǒu shénme xiǎocài? 무슨 안주가 있습니까?

4 请给我看看歌曲集。
   Qǐng gěi wǒ kànkan gēqǔjí. 노래 리스트를 보여 주세요.

경극, 기예, 콘서트를 보다

1 在哪儿能看京剧？
   Zài nǎr néng kàn jīngjù? 경극은 어디에서 볼 수 있습니까?

2 什么时候有演出？
   Shénme shíhou yǒu yǎnchū? 언제 공연이 있습니까?

3 演出几点开始？
   Yǎnchū jǐ diǎn kāishǐ? 몇 시에 공연을 시작합니까?

4 今天晚上有票吗？
   Jīntiān wǎnshang yǒu piào ma? 오늘 밤 표가 있습니까?

5 今天晚上有什么节目?
Jīntiān wǎnshang yǒu shénme jiémù? 오늘 밤에 어떤 공연을 합니까?

6 有韩语讲解吗?
Yǒu Hányǔ jiǎngjiě ma? 한국어 해설은 있습니까?

 안마 가게에서

1 我想做按摩, 哪家店比较好?
Wǒ xiǎng zuò ànmó, nǎ jiā diàn bǐjiào hǎo?
안마를 받고 싶은데요, 어느 가게가 잘하나요?

2 这儿都有什么服务?
Zhèr dōu yǒu shénme fúwù? 이곳은 어떤 서비스가 있습니까?

> 头部按摩 tóubù ànmó 머리 안마　　肩部按摩 jiānbù ànmó 어깨 안마
> 面部按摩 miànbù ànmó 얼굴 안마　　足底按摩 zúdǐ ànmó 발바닥 안마

3 我做全身按摩, 多少钱?
Wǒ zuò quánshēn ànmó, duōshao qián? 전신 안마를 받으려면 얼마가 듭니까?

舒服多了。太谢谢您了。
Shūfu duō le. Tài xièxie nín le. 꽤 좋아졌습니다. 정말 감사합니다.

4 我想剪发, 要多长时间?
Wǒ xiǎng jiǎnfà, yào duō cháng shíjiān?
머리카락을 자르고 싶은데요, 얼마나 걸리나요?

> 烫发 tàngfà 파마를 하다

PART 4

다시 만날 것을 약속하다

相约再会
xiāngyuē zàihuì

01 가게 찾기
02 상품에 대해 질문하기
03 치파오 구매하기
04 할인 받기
실력 다지기
관련 표현_ 사전 찾는 법
이럴 땐 이런 말_ 쇼핑편

05 취미 질문하기
06 중국에 대한 느낌 말하기
07 한국 소개하기
08 재회 약속하기
실력 다지기
관련 표현_ 편지 쓰는 법
이럴 땐 이런 말_ 커뮤니케이션편, 귀국편

01 가게 찾기

 쇼핑하러 가자!

(전화로 왕징에게 정보를 묻는다.)

美真: 웨이, 왕징, 날 마이 리우싱 거취 더 CD?
喂，王京，哪儿 卖 流行 歌曲 的 CD?
Wéi, Wáng Jīng, nǎr mài liúxíng gēqǔ de CD?

王京: 인샹 쫘안마이띠엔 찌우 요 마이 더.
音像 专卖店 就 有 卖 的。
Yīnxiàng zhuānmàidiàn jiù yǒu mài de.

美真: 치파오 허 쏭 런 더 리핀 너?
旗袍 和 送 人 的 礼品 呢?
Qípáo hé sòng rén de lǐpǐn ne?

王京: 바이후어 샹띠엔 떠우 요 마이 더.
百货 商店 都 有 卖 的。
Bǎihuò shāngdiàn dōu yǒu mài de.

미진: 여보세요, 왕징,
유행 가요 CD는 어디에서 파나요?
왕징: CD 가게에서 팔고 있습니다.
미진: 치파오랑 선물용 기념품은요?
왕징: 어느 백화점에서나 다 팔고 있습니다.

喂 wéi 여보세요, 저기(누군가를 부르는 말, 이때는 제4성으로 발음)
流行歌曲 liúxíng gēqǔ 유행가
音像专卖店 yīnxiàng zhuānmàidiàn CD, DVD 등의 전문점
有卖的 yǒu mài de 팔고 있다
旗袍 qípáo 치파오(중국 전통 의상)
送人 sòng rén 남에게 선물하다
礼品 lǐpǐn 기념품
呢 ne ~는?
都 dōu 전부, 모두

工艺美术品商店
gōngyì měishùpǐn shāngdiàn 공예미술품 가게

여러 가지 가게

工艺美术品商店 gōngyì měishùpǐn shāngdiàn 공예 미술품 가게

食品店 shípǐndiàn 식료품점

服装店 fúzhuāngdiàn 옷 가게

茶庄 cházhuāng 차(茶) 전문점

鞋店 xiédiàn 구두 가게

小摊儿 xiǎotānr 노점

187

어순 설명

(1) 哪儿 + 卖 + 명사? : ~는 어디에서 판매합니까?

哪儿卖流行歌曲的CD?
유행가 CD는 어디에서 판매합니까?

(2) 장소 명사 + (부사) + 有卖的 : ~에서 판매한다

音像专卖店就有卖的。
CD 가게에서 판매합니다.

百货商店都有卖的。
백화점에서는 다 판매합니다.

> 참고 '就'는 '(어디어디)라면 (판매한다)'라는 의미를 표현하지만, '都' 는 '전부, 어디라도'의 의미입니다.

한 걸음 더!!

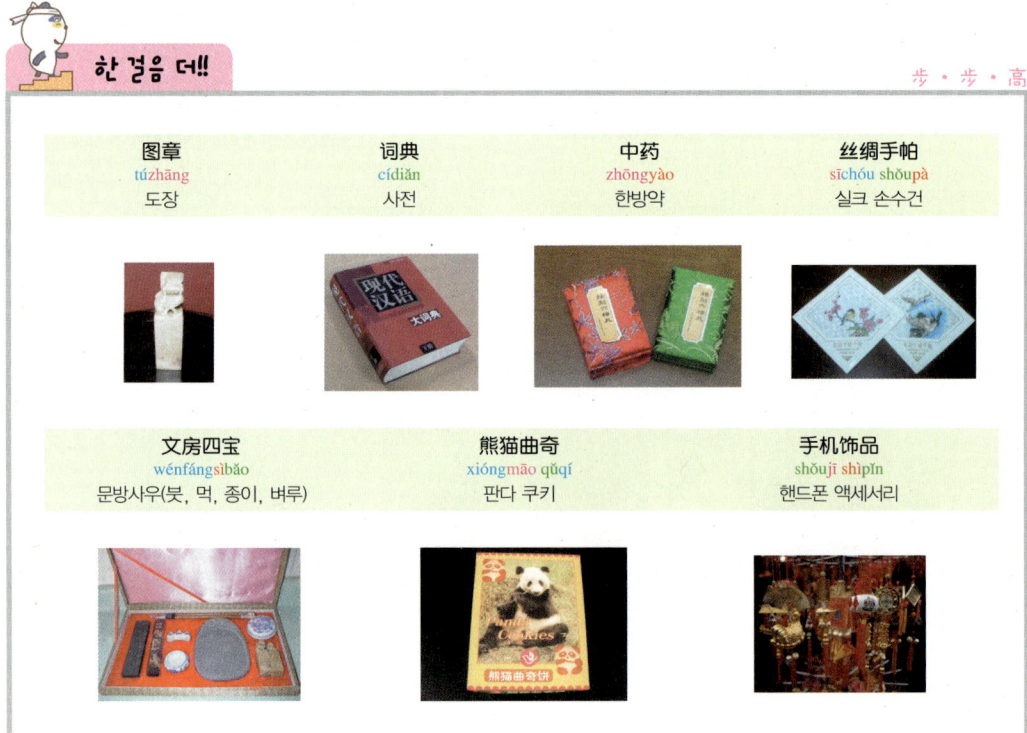

| 图章 túzhāng 도장 | 词典 cídiǎn 사전 | 中药 zhōngyào 한방약 | 丝绸手帕 sīchóu shǒupà 실크 손수건 |

| 文房四宝 wénfáng sìbǎo 문방사우(붓, 먹, 종이, 벼루) | 熊猫曲奇 xióngmāo qǔqí 판다 쿠키 | 手机饰品 shǒujī shìpǐn 핸드폰 액세서리 |

패턴 연습

밑줄 친 단어를 바꿔 넣어 연습합시다.

1 哪儿 卖 <u>流行歌曲的CD</u>?

图章
中药
丝绸手帕
手机饰品

2 <u>音像专卖店</u> 就 有卖的。

书店
药店
丝绸店
工艺美术品商店

休·息·一·下

★즐거운 쇼핑 방법(1)

호텔 안에 있는 상점도 토산품의 종류가 다양하기 때문에 편리하게 쇼핑할 수 있지만 가격이 약간 비싼 편입니다. 시간이 있으면 거리로 나와 시민들이 쇼핑을 하는 가게나 노점에 가 보는 것도 좋습니다. 시세만 파악한다면 뜻밖에 진귀한 물건을 발견할 수 있을지도 모릅니다. 이것이 바로 쇼핑의 즐거움입니다.

시간이 별로 없을 때는 'gòuwù zhōngxīn 购物中心 쇼핑몰'을 추천합니다.

의류 외에도 민예품, 잡화, 장식품, 중국차, 과자류 등이 한곳에 모여 있어서 한 번에 여러 가지 물건들을 살 수 있습니다.

02 상품에 대해 질문하기

 CD, DVD 전문점에서

美真: 왕 페이 더 쩌 판 CD 스 푸통화 더 마?
王菲 的 这 盘 CD 是 普通话 的 吗?
Wáng Fēi de zhè pán CD shì pǔtōnghuà de ma?

王京: 뚜이. 샹미엔 시에져 "구어위"
对。上面 写着 "国语"。
Duì. Shàngmian xiězhe 'guóyǔ'.

(점원을 향해)

美真: 칭원, 요 메이요 리우싱 띠엔잉 더 DVD?
请问,有 没有 流行 电影 的 DVD?
Qǐngwèn, yǒu méiyǒu liúxíng diànyǐng de DVD?

服务员: 요. 짜이 나삐엔.
有。在 那边。
Yǒu. Zài nàbian.

미진: 왕페이의 이 CD는 표준어로 된 것입니까?
왕징: 그렇습니다. 앞면에 '표준어'라고 쓰여 있습니다.
(점원을 향해)
미진: 실례합니다, 유행하는 영화 DVD는 있습니까?
점원: 있습니다. 저쪽에 있습니다.

王菲 Wáng Fēi 왕페이(중국의 인기 가수)
盘 pán CD 등을 세는 양사
普通话 pǔtōnghuà 표준어, 베이징어
着 zhe ~하고 있다
国语 guóyǔ '普通话'의 옛 명칭
那边 nàbian 그 근처, 거기

알아두세요!! '国语 guóyǔ'는 '普通话 pǔtōnghuà'의 옛 명칭으로 지금까지도 타이완에서 베이징어를 가리킨다. 타이완 노래, 드라마 등이 대륙에서 유행하고 있기 때문에 대륙에서도 이렇게 부르게 되었다.

관련 단어

真的 zhēn de 진품

正版 zhèngbǎn 정규판

电视剧 diànshìjù 드라마

中国制造 Zhōngguó zhìzào 중국제(制)

功夫片 gōngfupiàn 액션 영화

青春偶像剧 qīngchūn ǒuxiàngjù 인기 아이돌 배우가 출연하는 드라마

二胡演奏曲 èrhú yǎnzòuqǔ 이호(악기, 줄이 두 개인 호금의 일종) 연주곡

摇滚乐曲 yáogǔn yuèqǔ 록 음악

CD가게안의 모습

어순 설명

(1) 주어 + 是 + 명사 + 的。: ~는 ~의(~한) 것이다

王菲的这盘CD是普通话的。

왕페이의 이 CD는 표준어로 된 것입니다.

참고 명사+'的' 형태는 '的' 뒤의 대상을 생략하고, 명사처럼 쓰였다. 명사 외에 대명사, 동사 등의 뒤에 '的'를 붙이는 것도 가능하다.

예 普通话的(CD) 표준어로 된 CD, 我的/他的 내 것/그의 것, 吃的/喝的 음식물/음료수

(2) 장소 명사 + 동사 + 着 + 명사: ~에 ~를 ~하고 있다

上面写着"国语"。

앞면에 "표준어"라고 쓰여 있습니다.

참고 '着'는 동사 뒤에 붙어서 동작 또는 상태가 유지되고 있는 것을 나타낸다.

한 걸음 더!!

연예계 - 중국 대륙, 타이완, 홍콩의 인기 가수와 배우

중국 이름	병음	한국이름
林忆莲	Lín Yìlián	린이롄(임억련)
那英	Nà Yīng	나잉(나영)
孙楠	Sūn Nán 쑨난(손남)
张惠妹	Zhāng Huìmèi	장후이메이(장혜매)
刘德华	Liú Déhuá	류더화(유덕화)
张学友	Zhāng Xuéyǒu	장쉐여우(장학우)
王力宏	Wáng Lìhóng	왕리훙(왕력굉)
成龙	Chéng Lóng	청룽(성룡)
巩俐	Gǒng Lì	궁리(공리)
章子怡	Zhāng Zǐyí	장쯔이(장자이)

패턴 연습

밑줄 친 단어를 바꿔 넣어 연습합시다.

1 <u>王菲的这盘CD</u> 是 <u>普通话</u> 的。
    这盘DVD   正版
    这场电影   功夫片

2 上面 写 着 <u>国语</u>。
                  韩文
                  名字

休·息·一·下

★즐거운 쇼핑 방법(2)

노래를 자주 듣거나, 영화와 드라마를 즐겨 본다면 중국어로 된 노래 CD 또는 영화와 드라마 DVD를 추천합니다. 중국의 음악 CD나 DVD들을 한 번 듣거나 보고 나서 푹 빠졌다는 사람이 매우 많습니다. 또한 이러한 매체들은 중국어 공부에도 도움이 됩니다. 다만 길에서 파는 값이 포장의 CD와 DVD는 해적판인 경우가 많고, 한국에 가져와서 영상이나 음성이 나오지 않는 경우도 있으므로 주의하셔야 합니다.

또 언어는 같은 중국어라도 'pǔtōnghuà 普通话(guóyǔ 国语) 표준어, Guǎngdōnghuà 广东话(粤语 yuèyǔ) 광둥어' 등 여러 가지 버전이 있기 때문에 잘 확인해서 구매하세요.

03 치파오 구매하기

 백화점 치파오 매장에서

美真: 小姐，我 想 买 一 件 旗袍。
　　　샤오지에, 워 샹 마이 이 찌엔 치파오.
　　　Xiǎojie, wǒ xiǎng mǎi yí jiàn qípáo.

店员: 您 看 这 件 怎么样?
　　　닌 칸 쩌 찌엔 쩐머양?
　　　Nín kàn zhè jiàn zěnmeyàng?

美真: 有 没有 别 的 式样 的?
　　　요 메이요 비에 더 스양 더?
　　　Yǒu méiyǒu bié de shìyàng de?

店员: 那 您 试试 这 件 吧。
　　　나 닌 스스 쩌 찌엔 바.
　　　Nà nín shìshi zhè jiàn ba.

미진: 저기요, 치파오를 한 벌 사고 싶은데요.
점원: 이건 어떠세요?
미진: 다른 스타일도 있나요?
점원: 그렇다면 이걸 입어 보세요.

小姐　xiǎojie 아가씨(젊은 여성 점원을 부르는 말)
件　　jiàn 의류를 세는 양사
看　　kàn ~라고 생각하다, ~라고 보다
别的　bié de 다른
式样　shìyàng 타입, 스타일
试试　shìshi (시험적으로) 잠시 ~해 보다

알아두세요!! '小姐 Xiǎojie'는 식당, 가게 등의 젊은 여성 점원을 부르는 말로 사용되며, 남성의 경우는 '先生 xiānsheng'이라고 한다. '服务员 fúwùyuán'은 성별, 연령에 관계없이 사용할 수 있다.

여러 가지 의복

衬衫 chènshān 셔츠

上衣 shàngyī 상의

T恤衫 T-xùshān 티셔츠

裙子 qúnzi 스커트

裤子 kùzi 바지

毛衣 máoyī 스웨터

西服 xīfú 신사복, 슈트

领带 lǐngdài 넥타이

丝绸内衣 sīchóu nèiyī 실크 내의

袜子 wàzi 양말

어순 설명

(1) 有没有 + 수식어 + 的? : ~한 것은 있습니까?

有没有别的式样的?
다른 타입은 있습니까?

(2) 주어 + 试试 + 명사 : ~가 ~를 해 보다

您试试这件吧。
이걸 입어 보세요. (옷을 잠시 입어 볼 경우)

한 걸음 더!!

색깔에 대한 표현

颜色 yánsè 색, 색채

| 黑色 hēisè 검정색 | 白色 báisè 하얀색 | 红色 hóngsè 빨간색 | 蓝色 lánsè 파란색 |
| 黄色 huángsè 노란색 | 绿色 lǜsè 녹색 | 橙色 chéngsè 주황색 | 咖啡色 kāfēisè 갈색 |

(颜色)深/浅   (衣服)肥/瘦   (裤子)长/短
(yánsè) shēn / qiǎn (yīfu) féi / shòu   (kùzi) cháng / duǎn
(색) 진하다 / 옅다   (옷) 헐렁하다 / 꼭 끼다   (바지) 길다 / 짧다

패턴 연습

밑줄 친 단어를 바꿔 넣어 연습합시다.

1 有没有 <u>别的式样</u> 的?

别的颜色
肥一点儿
大一点儿
颜色深一点儿

아래의 쇼핑에 관한 표현을 소리를 내며 연습합시다.

2 我可以 试试 这件吗?
在哪儿 可以 试试?
哪儿有镜子?

休·息·一·下

★즐거운 쇼핑 방법(3)

양복이나 구두 등을 살 때는 같은 사이즈라도 크기가 다소 다를 수도 있으므로 반드시 입어 보거나 신어 보도록 합니다. 양복 사이즈는 L, M, S 사이즈를 'dà hào 大号, zhōng hào 中号, xiǎo hào 小号'라고 합니다. 구두는 23호, 24.5호 등으로 표기되어 있는데, 이는 한국의 치수와 다르므로 유념하셔야 합니다. 할인율을 말하는 방법 역시 한국과 다르기 때문에 'jiǔ zhé 九折 10% 할인, qī zhé 七折 30% 할인'이라고 쓰여 있어도 '90% 할인, 70% 할인'과 헷갈리지 않도록 주의해야 합니다.

04 할인 받기

 미진은 치파오를 사기로 하고

美真: 这 件 多少 钱?
　　　쩌　 찌엔　뚜어샤오　치엔?
　　　Zhè jiàn duōshao qián?

店员: 这 是 标价。三百 八十 块 钱。
　　　쩌　스　삐아오찌아.　싼바이　빠스　콰이　치엔.
　　　Zhè shì biāojià. Sānbǎi bāshí kuài qián.

美真: 能 不 能 便宜 一点儿?
　　　넝　뿌　넝　 피엔이　이디알?
　　　Néng bu néng piányi yìdiǎnr?

店员: 打 九 折 吧。
　　　다　지우　저　바.
　　　Dǎ jiǔ zhé ba.

美真: 再 便宜 一点儿 吧。
　　　짜이　피엔이　이디알　바.
　　　Zài piányi yìdiǎnr ba.

店员: 三百 整，怎么样?
　　　싼바이　정,　쩐머양?
　　　Sānbǎi zhěng, zěnmeyàng?

美真: 好 吧。
　　　하오　바.
　　　Hǎo ba.

미진: 이건 얼마입니까?
점원: 이것이 정가입니다. 380위안입니다.
미진: 좀 싸게 해 주실 수 있나요?
점원: 10% 깎아 드리죠.
미진: 조금 더 깎아 주세요.
점원: 딱 300위안, 어떠세요?
미진: 좋습니다.

能　néng 가능하다
打~折　dǎ ~ zhé ~% 할인하다
整　zhěng 딱, 정확히

관련 단어

减价 jiǎnjià 할인하다, 값을 내리다

买一送一 mǎi yī sòng yī 원 플러스 원(1개를 사면 1개를 덤으로 줌)

半价 bànjià 반액

秋品出清 qiūpǐn chūqīng 가을 상품 대 처분

全场五折起 quánchǎng wǔ zhé qǐ
전 매장 50%부터 할인하다

十元五斤 shí yuán wǔ jīn
5근에 10위안 (2.5kg에 약 1,600원)

优惠出售 yōuhuì chūshòu
싼 가격에 판매하다

打折/不打折 dǎzhé / bù dǎzhé
할인하다 / 할인하지 않다

讲价/不讲价 jiǎngjià / bù jiǎngjià
가격 흥정을 하다 / 가격 흥정을 하지 않다

어순 설명

(1) 能不能~? : ~는 가능합니까?

能不能便宜一点儿?
좀 싸게 해 주실 수 있나요?

(2) 再 + 형용사 + 一点儿。: 조금 더 ~하다

再便宜一点儿。
조금 더 싸게 해 주세요.

가격을 흥정할 때의 표현

我买三个，便宜一点儿吧。
Wǒ mǎi sān ge, piányi yìdiǎnr ba.
세 개 사니까 조금 싸게 해 주세요.

我还来买，便宜一点儿吧。
Wǒ hái lái mǎi, piányi yìdiǎnr ba.
(저) 또 사러 올 테니까, 싸게 해 주세요.

那我去别的店看看吧。
Nà wǒ qù bié de diàn kànkan ba.
그럼 다른 가게에 가 보겠습니다.

패턴 연습

练习一下

밑줄 친 단어를 바꿔 넣어 연습합시다.

1 能不能 便宜一点儿 ?
        快一点儿
        九点来
        下午两点出发

2 再 便宜 一点儿。
       大
       长
       瘦

休·息·一·下

★즐거운 쇼핑 방법(4)

개인이 운영하는 가게와 백화점의 일부 코너에서는 할인을 받을 수 있습니다. 'Piányi yìdiǎnr ba. 便宜一点儿吧. 싸게 해 주세요.'라고 말해도 싸게 해 주지 않는다면 옆 페이지의 '가격을 흥정할 때의 표현'을 확실히 외워 두면 도움이 될 것입니다. 특히 관광지에서 토산품을 살 때는 흥정만 잘 한다면 싸게 살 수 있는 가능성이 매우 많습니다.

실력 다지기

1 발음을 듣고 병음으로 받아쓰세요.

① _____ ② _____ ③ _____
④ _____ ⑤ _____ ⑥ _____

2 의복에 관한 단어의 발음을 듣고 병음으로 받아쓰세요

① _____ ② _____ ③ _____
④ _____ ⑤ _____ ⑥ _____

3 주어진 말을 사용해서 문장을 완성하세요.

| 呢 | 的 | 着 | 件 | 盘 | 打 |

① 请问，这个 _____ 几折?
② 这 _____ CD多少钱?
③ 我喜欢流行歌曲，你 _____ ?
④ 有没有蓝色 _____ ?
⑤ 我想买一 _____ 旗袍。
⑥ 上面写 _____ 韩文。

1 ① lǐpǐn ② pǔtōnghuà ③ bié de ④ shìyàng ⑤ shìshi ⑥ dǎzhé
2 ① chènshān ② máoyī ③ shàngyī ④ qúnzi ⑤ kùzi ⑥ T-xùshān
3 ① 打 ② 盘 ③ 呢 ④ 的 ⑤ 件 ⑥ 着

관련 표현_사전 찾는 법

이 책에서는 새로 나온 단어에 병음과 뜻을 달아 놓았지만, 앞으로 학습하면서 어휘를 늘려나갈 때에는 사전을 찾는 습관을 기르시기 바랍니다.

한중(韓中)사전 보는 법
한국어를 가지고 그에 해당하는 발음을 찾을 때는 한중사전을 사용합니다. 한중사전의 표제어는 국어사전과 같은 방법으로 배열되어 있으므로, 국어사전과 마찬가지로 가나다순으로 단어를 찾습니다.

중한(中韓)사전 보는 법
병음(또는 중국어)으로 그 중국어와 의미(또는 발음과 의미)를 찾고 싶을 때 중한사전을 사용합니다. 중한사전의 표제어는 병음의 ABC순(같은 병음끼리는 성조순)으로 되어 있습니다. 찾는 방법은 아래와 같이 두 가지입니다.

■ 병음을 알고, 그 한자와 의미를 찾을 때

> pǔtōnghuà

1. 먼저 ABC순으로 'P'부분의 페이지를 찾습니다.
2. 그리고 'P' 다음의 'U'를 같은 방법인 ABC순으로 찾아서 'PU'를 봅니다.
3. 'PU'를 찾으면, 성조순으로 3성 'pǔ' 발음의 글자를 찾습니다.
   예) 普, 谱, 浦…
4. 그 중에서 'pǔtōnghuà'고 하는 병음을 찾아가면 됩니다.
   普通话 [pǔtōnghuà] 명 현대 중국어의 표준어. [북경어음(北京语音)을 표준음으로 하고…

■ 중국어를 알고, 병음과 의미를 찾을 때

> 打折

먼저 앞글자의 부수부터 찾습니다. '打'의 부수인 '손수변'을 찾은 후에 부수를 제외한 획수 ('打'의 경우는 2획)를 세어, 그 글자를 찾습니다. 거기에 쓰인 페이지에서 '打'라는 항목을 찾은 후, '打折'라는 단어를 찾아 읽습니다.

打折 [dǎzhé] 통 할인하다. 에누리하다. …

또 다른 방법은 총획수로 찾는 것입니다. 총획수로 찾을 수 있는 사전에서는 총획수를 세어 그 글자를 찾습니다.

자신에게 맞는 사전을 찾아서 중국어 학습 유용하게 사용합시다.

 백화점 안

1. 卖衣服的柜台在几楼？
   Mài yīfu de guìtái zài jǐ lóu? 의류 매장은 몇 층입니까?

   在三楼。
   Zài sān lóu. 3층입니다.

2. 有没有中式衣服？
   Yǒu méiyǒu Zhōngshì yīfu? 중국식 옷이 있습니까?

 차 파는 곳

1. 我想买散装茉莉花茶。
   Wǒ xiǎng mǎi sǎnzhuāng mòlìhuāchá. 무게로 달아서 판매하는 재스민 차를 사고 싶습니다.

2. 我买两百克。
   Wǒ mǎi liǎngbǎi kè. 200그램 주세요.

3. 我可以尝尝这种茶吗？
   Wǒ kěyǐ chángchang zhè zhǒng chá ma? 이 차를 시음해 볼 수 있나요?

 과자 파는 곳

1. 这个怎么卖？ Zhè ge zěnme mài? 이건 어떻게 팝니까?

   三百克十块。 Sānbǎi kè shí kuài. 300그램에 10위안입니다.

   一盒二十块。 Yì hé èrshí kuài. 한 상자에 20위안입니다.

   一袋六十五块。 Yí dài liùshíwǔ kuài. 한 봉지에 65위안입니다.

 지불과 관련된 표현

1. 可以用韩元吗?
   Kěyǐ yòng Hányuán ma? 한국 돈도 사용할 수 있나요?

2. 您算错了吧。
   Nín suàncuò le ba. 계산이 틀렸네요.

3. 您找错了。
   Nín zhǎocuò le. 거스름돈이 잘못됐습니다.

   您还没找钱。
   Nín hái méi zhǎoqián. 거스름돈을 아직 못 받았습니다.

4. 请给我换一个。
   Qǐng gěi wǒ huàn yí ge. 교환해 주세요.

 재미있는 기념품

京剧娃娃 jīngjù wáwa 경극 인형

福字壁挂 fúzì bìguà
복을 비는 장식품 (벽에 거는 것)

民间泥人 mínjiān nírén
민속 흙 인형

剪纸 jiǎnzhǐ 종이 공예

관련 단어

挂画 guàhuà 족자
玉镯 yùzhuó 옥팔찌
白金 báijīn 백금
羊皮 yángpí 양가죽
陶瓷器 táocíqì 도기
项链 xiàngliàn 목걸이
珍珠 zhēnzhū 진주
风筝 fēngzheng 연

戒指 jièzhi 반지
金 jīn 금
真丝 zhēnsī 실크
日历 rìlì 달력
耳环 ěrhuán 이어링
包金 bāojīn 금도금
牛皮 niúpí 소가죽

05 취미 질문하기

王京: 美真，你 有 什么 爱好?
　　　Měizhēn, nǐ yǒu shénme àihào?
　　　메이쩐 니 요 션머   아이하오?

美真: 我 有 很 多 爱好。我 喜欢 学 插花，
　　　Wǒ yǒu hěn duō àihào. Wǒ xǐhuan xué chāhuā,
　　　워 요 헌 뚜어 아이하오. 워 시환 슈에 챠화,

　　　还 喜欢 看 中国 电影，打 太极拳。
　　　hái xǐhuan kàn Zhōngguó diànyǐng, dǎ tàijíquán.
　　　하이 시환 칸 쭝궈 띠엔잉, 다 타이지취엔.

　　　你 呢?
　　　Nǐ ne?
　　　니 너?

 해석

왕징: 미진, 당신의 취미는 무엇입니까?
미진: 저는 취미가 많습니다. 꽃꽂이 배우는 것을 좋아하고, 중국 영화 보기와 태극권을 좋아합니다. 당신은요?

 단어

爱好　àihào 취미
插花　chāhuā 꽃꽂이(하다)
打太极拳　dǎ tàijíquán 태극권을 하다

알아두세요!! '喜欢 xǐhuan 좋아하다'는 직접 명사를 취하여 말하는 방법과 뒤에 동사를 취하여 말하는 방법, 2가지가 있다.
(p.208 어순 설명참고)

关联词语

취미

读书 dúshū 독서(하다)

欣赏音乐 xīnshǎng yīnyuè 음악 감상 (하다)

打网球 dǎ wǎngqiú 테니스를 하다

打高尔夫球 dǎ gāo'ěrfūqiú 골프를 하다

游泳 yóuyǒng 수영(을 하다)

书法 shūfǎ 서예

集邮 jíyóu 우표를 수집하다

上网 shàngwǎng 인터넷을 하다

登山 dēngshān 등산(하다)

兜风 dōufēng 드라이브하다

弹钢琴 tán gāngqín 피아노를 치다

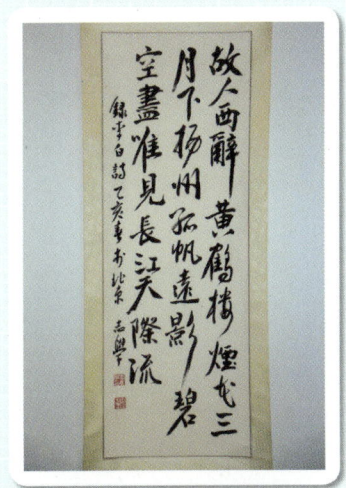

어순 설명

(1) 很多 + 명사 : 많은 ~

很多爱好
많은 취미

(2) 주어 + 喜欢 + (동사) + 명사 : ~가 좋다

我喜欢学插花。
나는 꽃꽂이 배우는 것을 좋아한다.

我喜欢看中国电影。
나는 중국 영화 보는 것을 좋아한다.

她喜欢中国。
그녀는 중국을 좋아한다.

 한 걸음 더!!

> 서로에 대해 알아보기

나이 묻기

你多大了? Nǐ duō dà le? 몇 살이세요?
- 我三十二岁了。Wǒ sānshí'èr suì le. 저는 32살입니다.

직업 묻기

你做什么工作? Nǐ zuò shénme gōngzuò? 무슨 일을 하세요?
- 我在公司(gōngsī)工作。 회사에서 일해요.
- 我在旅行社(lǚxíngshè)工作。 여행사에서 일해요.
- 我是医生(yīshēng)。 저는 의사입니다.
- 我是导游(dǎoyóu)。 저는 (여행) 가이드입니다.

가족에 대해 묻기

你家有几口人? Nǐ jiā yǒu jǐ kǒu rén? 가족이 몇 명이에요?
- 我家有四口人。我、我爱人、一个儿子和一个女儿。Wǒ jiā yǒu sì kǒu rén. Wǒ, wǒ àiren, yí ge érzi hé yí ge nǚ'ér. 우리 가족은 4명입니다. 저, 아내(남편), 아들 한 명과 딸 한 명이 있습니다.

패턴 연습

밑줄 친 단어를 바꿔 넣어 연습합시다.

1　我有　很多　<u>爱好</u>。
　　　　　　　朋友
　　　　　　　书
　　　　　　　钱

2　我　喜欢　<u>学</u>　<u>插花</u>。
　　　　　　写　书法
　　　　　　打　网球
　　　　　　玩　电脑

단어
玩电脑 wán diànnǎo 인터넷하다

休·息·一·下

★중국의 연휴

최근 중국에서는 'Chūn Jié 春节 설날', 'Guóqìng Jié 国庆节 국경일' 같은 대형 연휴를 'huángjīnzhōu 黄金周 황금주'라고 부릅니다.

중국은 설날과 국경일에 일주일씩, 신년·청명절·노동절·단오절·중추절은 3일씩 쉬기 때문에 이 시기에 여행을 떠나는 사람도 매년 늘어나고 있습니다.

동남아시아, 일본, 한국 등으로 떠나는 해외여행이 굉장히 인기가 많으며, 자가용으로 가족과 함께 다른 도시나 다른 지역으로 떠나는 1박 2일 국내 여행도 인기가 있습니다.

06 중국에 대한 느낌 말하기

PART 4
커뮤니케이션편

王京: 你 对 北京 的 印象 怎么样?
니 뚜이 베이징 더 인샹 쩐머양?
Nǐ duì Běijīng de yìnxiàng zěnmeyàng?

美真: 北京 街道 很 宽, 人 也 很 热情。
베이징 지에따오 헌 콴, 런 예 헌 러칭.
Běijīng jiēdào hěn kuān, rén yě hěn rèqíng.

中国菜 非常 好吃,
쭝궈차이 페이창 하오츠,
Zhōngguócài fēicháng hǎochī,

我 还 想 来 中国。
워 하이 샹 라이 쭝궈.
Wǒ hái xiǎng lái Zhōngguó.

王京: 太 好 了!
타이 하오 러!
Tài hǎo le!

왕징: 베이징에 대한 인상은 어때요?
미진: 베이징은 도로가 정말 넓고,
사람들도 매우 친절해요.
중국 요리가 매우 맛있어서 저는 또 중국에 오고 싶어요.
왕징: 잘 됐네요!

对 duì ~에 대해
印象 yìnxiàng 느낌, 인상, 소감
街道 jiēdào 도로
宽 kuān 넓다
热情 rèqíng 친절하다, 상냥하다
非常 fēicháng 아주, 매우

관련 단어

人多车多
rén duō chē duō
사람과 차가 많다

高楼大厦
gāolóu dàshà
고층 빌딩

四合院
sìhéyuàn 사합원(베이징의 전통 주택)

城改建设高峰
chénggǎi jiànshè gāofēng 도시 건설 붐

어순 설명

(1) 주어 + 对 ~ 的印象 + 怎么样？: ~는 ~에 대한 인상이 어떻습니까?

你对中国的印象怎么样？
중국에 대한 인상은 어떻습니까?

(2) 주어1 + 주어2 + ~ : ~는 ~이 ~다

北京街道很宽。
베이징은 도로가 매우 넓습니다.

한 걸음 더!!

교통과 관련된 단어

自行车	立交桥
zìxíngchē	lìjiāoqiáo
자전거	입체 교차로
红绿灯	人行横道
hónglǜdēng	rénxínghéngdào
신호등	횡단보도

중국 주요 도시와 지역 이름(2)

沈阳	郑州	昆明	西双版纳	九寨沟
Shěnyáng	Zhèngzhōu	Kūnmíng	Xīshuāngbǎnnà	Jiǔzhàigōu
선양	정저우	쿤밍	시솽반나	주자이거우

*시솽반나: 윈난성 최남단에 위치한 다이족(族) 자치주

패턴 연습

练习一下

밑줄 친 단어를 바꿔 넣어 연습합시다.

1 你 对 中国 的印象 怎么样?
   我   敦煌   不错。
         上海菜
         北京人

2 北京 街道 很宽。
   苏州 出租车 很多
   成都 风景 很漂亮
   他   小吃 很好吃
   我   个子 很高
        肚子 疼

 쉬어 가기

休·息·一·下

★ 중국의 도시 건설 붐

요즘 중국에서는 도시 건설 붐이 일고 있으며, 중국인의 연 수입으로는 상상도 할 수 없을 정도의 주택 분양 붐도 일고 있습니다. 심지어 건물이 완성되기도 전에 다 팔리는 곳도 많습니다. 베이징의 제4순환도로(四环)와 제5순환도로(五环) 사이의 지역은 특히 인기가 많은데, 이러한 지역은 시내에 비해 가격이 낮을 뿐만 아니라 넓은 부지에 상업 시설, 오락 시설 등을 완비하고 있어 굉장히 매력적입니다. 그 중에서도 특히 욕실이 두 개 딸린 45평짜리 맨션이 인기입니다. 이는 중국이 얼마나 발전하고 있는지를 실감할 수 있는 사례라고 할 수 있습니다.

07 한국 소개하기

美真: 你 想 不 想 去 韩国 看看?
　　　Nǐ xiǎng bu xiǎng qù Hánguó kànkan?
　　　니 샹 뿌 샹 취 한궈 칸칸?

王京: 当然 想 去。
　　　Dāngrán xiǎng qù.
　　　땅란 샹 취.

美真: 韩国 四季 分明。
　　　Hánguó sìjì fēnmíng.
　　　한궈 쓰찌 펀밍.

春天 天气 很 暖和, 出去 玩儿 非常 好。
Chūntiān tiānqì hěn nuǎnhuo, chūqù wánr fēicháng hǎo.
춘티엔 티엔치 헌 누완후워 추 취 왈 페이창 하오.

해석
미진: 당신은 한국에 가 보고 싶으세요?
왕징: 물론 가고 싶습니다.
미진: 한국은 사계절이 뚜렷합니다.
　　　봄에는 날씨가 따뜻해서 놀러 가기 좋습니다.

단어
当然 dāngrán 물론, 당연히
四季 sìjì 사계절
分明 fēnmíng 확실하다, 뚜렷하다
春天 chūntiān 봄
暖和 nuǎnhuo 따뜻하다

계절·기후에 관한 표현

热 rè 덥다

冷 lěng 춥다

梅雨 méiyǔ 장마

潮湿 cháoshī 습도가 높다

闷热 mēnrè 무덥다

秋高气爽 qiū gāo qì shuǎng
가을 하늘이 높고 상쾌하다(맑게 갠 가을 날씨를 표현)

春天 chūntiān 봄

秋天 qiūtiān 가을

夏天 xiàtiān 여름

冬天 dōngtiān 겨울

어순 설명

(1) 주어1 + 주어2 + ~ : ~는 ~가 ~하다

韩国四季分明。
한국은 사계절이 분명합니다.

春天天气暖和。
봄에는 날씨가 따뜻합니다.

(2) 非常 + 형용사 : 굉장히 ~하다

非常好。
매우 좋다.

한 걸음 데!!

| 景福宫 Jǐngfúgōng 경복궁 | 仁寺洞 Rénsìdòng 인사동 | 明洞 Míngdòng 명동 |
| 南山 Nánshān 남산 | 夜景 yèjǐng 야경 | 烤肉 kǎoròu 불고기 |

패턴 연습

밑줄 친 단어를 바꿔 넣어 연습합시다.

1　<u>春天</u> 天气 <u>暖和</u>。

　　夏天　　闷热
　　秋天　　凉快
　　冬天　　寒冷

2　<u>非常</u> <u>好</u>。

　　　　好吃
　　　　好喝
　　　　漂亮

休·息·一·下

★ 중국에서의 한류 열풍

익히 들어서 아시겠지만, '한류 열풍'이라고 해서 중국에서는 10년 전부터 한국 드라마나 연예인이 굉장한 인기를 얻고 있습니다. 중국 TV를 통해 수많은 한국 드라마를 볼 수가 있었고, 중국 드라마와는 다른 한국 드라마의 매력에 많은 중국인들이 푹 빠져들었습니다. 하지만 지금은 반복되는 신데렐라 이야기나 복수 설정이 지겹다는 이유로 한류 열풍이 다소 시들해진 상태입니다.

08 재회 약속하기

美真: 쩌 지 티엔 마판 니 러!
这 几 天 麻烦 你 了！
Zhè jǐ tiān máfan nǐ le!

시아츠 칭 이띵 라이 쇼우얼.
下次 请 一定 来 首尔。
Xiàcì qǐng yídìng lái Shǒu'ěr.

王京: 하오. 워 이띵 취. 쭈 니 이루 핑안!
好。我 一定 去。祝 你 一路平安！
Hǎo. Wǒ yídìng qù. Zhù nǐ yílù píng'ān!

美真: 씨에씨에. 워먼 쇼우얼 찌엔!
谢谢。我们 首尔 见！
Xièxie. Wǒmen Shǒu'ěr jiàn!

王京: 판왕 자오르 짜이 찌엔미엔!
盼望 早日 再 见面！
Pànwàng zǎorì zài jiànmiàn!

미진: 요 며칠 동안 신세 많이 졌어요.
다음에 꼭 서울에 놀러 오세요.
왕징: 알겠어요. 꼭 갈게요. 조심해서 가세요.
미진: 감사합니다. 우리 서울에서 만나요.
왕징: 곧 다시 만나기를 바라요!

这几天 zhè jǐ tiān 요 며칠 동안
麻烦你了 máfan nǐ le 신세를 지다
下次 xiàcì 다음번
一定 yídìng 반드시
祝 zhù 간절히 바라다, 빌다
一路平安 yílù píng'ān 여행 중에 무사하기를 바라다
盼望 pànwàng 간절히 바라다
早日 zǎorì 곧, 조만간에
见面 jiànmiàn 만나다, 대면하다

작별의 인사

我该走了。
Wǒ gāi zǒu le.
가 보겠습니다.

我先走了。
Wǒ xiān zǒu le.
먼저 가 보겠습니다.(실례하겠습니다.)

我来跟你告别。
Wǒ lái gēn nǐ gàobié.
(작별) 인사를 하러 왔습니다.

我要回国了。
Wǒ yào huíguó le.
이제 곧 귀국할 겁니다.

어순 설명

(1) 祝 + ~ + ~ : ~이 ~하기를 바랍니다

祝你一路平安！
조심해서 가세요!

(2) 盼望早日 + ~ : 조만간 ~하기를 바랍니다

盼望早日再见面。
곧 다시 만나기를 바랍니다.

 한 걸음 더!!

축복의 말

祝学习进步。 Zhù xuéxí jìnbù. 학업이 향상되기를 바랍니다.
祝工作顺利。 Zhù gōngzuò shùnlì. 일이 순조롭게 잘 되시기를 바랍니다.
祝永远幸福。 Zhù yǒngyuǎn xìngfú. 영원히 행복하시기를 바랍니다.
祝生日快乐。 Zhù shēngrì kuàilè. 생일을 축하합니다.

우편 관련 표현

我给你 Wǒ gěi nǐ
내가 너에게

写信 xiěxìn。 편지를 쓰다
发电子邮件 fā diànzǐ yóujiàn。 이메일을 보내다
寄照片 jì zhàopiàn。 사진을 보내다

请给我 Qǐng gěi wǒ
나에게 ~해 주세요

写信。 편지를 쓰다.
发电子邮件。 이메일을 보내다.

패턴 연습

밑줄 친 단어를 바꿔 넣어 연습합시다.

1 祝 你 一路平安。
       你   学习进步
       您   生日快乐
       你们 永远幸福

2 盼望早日 再见面。
            家乡
            身体康复

休·息·一·下

★后会有期 hòu huì yǒu qī

중국에서 헤어질 때 쓰는 인사말인 '再见'이라는 말을 보면, 진정한 헤어짐이 아니라 '또 만납시다.'라는 의미를 지니고 있다는 것을 알 수 있습니다. 그래서 중국인은 헤어질 때 재회의 때가 또 올 것이라 생각하며 'Hòu huì yǒu qī. 后会有期。기회가 있으면 또 만납시다.'라는 말을 자주 합니다.

실력 다지기

1 발음을 듣고 병음으로 받아쓰세요.

① _____ ② _____ ③ _____
④ _____ ⑤ _____ ⑥ _____

2 아래 형용사의 반대어를 쓰세요.

① rè ↔ _____ ② duō ↔ _____ ③ guì ↔ _____
④ kuài ↔ _____ ⑤ dà ↔ _____ ⑥ yǒuyìsi ↔ _____

3 A가 답이 되도록 의문문을 생각하여 Q의 밑줄 친 부분에 써 넣으세요.

> 你家有几口人?   你有什么爱好?(你喜欢做什么?)   他多大了?
> 你对这儿的印象怎么样?   你在哪儿工作?   你还想来中国吗?

① Q: _____   A: 我在旅行社工作。
② Q: _____   A: 我家有三口人。
③ Q: _____   A: 他二十五岁了。
④ Q: _____   A: 我喜欢看电影。
⑤ Q: _____   A: 我对这儿的印象很好。
⑥ Q: _____   A: 我还想来中国。

정답

1 ① àihào ② yìnxiàng ③ rèqíng ④ dāngrán ⑤ sìjì ⑥ yídìng
2 ① lěng ② shǎo ③ piányi ④ màn ⑤ xiǎo ⑥ méiyǒu yìsi
3 ① 你在哪儿工作? ② 你家有几口人? ③ 他多大了? ④ 你有什么爱好?(你喜欢做什么?)
  ⑤ 你对这儿的印象怎么样? ⑥ 你还想来中国吗?

관련 표현_편지 쓰는 법

1. **호칭** 상대방의 이름 뒤에 :(쌍점)을 붙입니다.
   '~님'에 해당하는 것으로는 남성일 경우에는 'xiānsheng 先生',
   기혼 여성일 경우에는 'nǚshì 女士'. 미혼 여성의 경우에는 'xiǎojie 小姐',
   선생님일 경우에는 'lǎoshī 老師' 등이 있지만 친한 사이는 성명만 써도 상관없습니다.

2. **인사** 단락의 처음은 2칸을 띄우고, 'nǐ hǎo 你好!'와 같이 간단한 인사를 합니다.

3. **본문** 단락의 첫 부분을 2칸 띄우는 것 외에 특별한 형식은 없으므로 자유롭게 씁니다.

4. **맺음말** 먼저 2칸을 띄우고 'zhù 祝'를 쓴 후, 'shēntǐ jiànkāng 身体健康' 등과 같은 인사말을 아랫줄 왼쪽 끝에 씁니다.

5. 자신의 이름은 오른쪽 끝에 적습니다.

6. 날짜를 씁니다.

王京：
　　你好！
　　我已经顺利回韩国了。在北京期间，受到你的关照，非常感谢。这次北京旅行给我留下了很深的印象。有机会我想再去中国。也欢迎你来韩国，盼望早日再见面。
　　随信寄去在北京照的照片，请收下作个纪念。
　　祝你
万事如意！

　　　　　　　　　　　　　　　　　　　你的韩国朋友
　　　　　　　　　　　　　　　　　　　美真
　　　　　　　　　　　　　　　　　　　20XX年X月X日

왕징에게
　안녕하세요!
　저는 벌써 무사히 한국에 돌아왔어요. 베이징에 있을 때 여러모로 도와주셔서 정말 감사합니다.
　이번의 베이징 여행은 저에게 매우 깊은 인상을 남겼어요.
　기회가 있으면 또 중국에 가고 싶네요. 당신이 한국에 오는 것도 환영해요.
　곧 다시 만나기를 바라요. 베이징에서 찍은 사진을 동봉하니, 기념으로 받아 주세요.
　언제나 만사형통하세요.

　　　　　　　　　　　　　　　　　당신의 한국 친구
　　　　　　　　　　　　　　　　　미진
　　　　　　　　　　　　　　　　　20XX년 X월X일

커뮤니케이션편

 인사·잡담을 하다

1 你好吗?
Nǐ hǎo ma? 잘 지내시나요?

我很好。谢谢。你呢?
Wǒ hěn hǎo. Xièxie. Nǐ ne? 잘 지냅니다. 감사합니다. 당신은요?

2 你是从哪儿来的?
Nǐ shì cóng nǎr lái de? 어디에서 오셨습니까?

我是从韩国来的。
Wǒ shì cóng Hánguó lái de. 한국에서 왔습니다.

3 你喜欢哪个城市?
Nǐ xǐhuan nǎ ge chéngshì? 어느 도시를 좋아하세요?

4 你还想去哪个城市?
Nǐ hái xiǎng qù nǎ ge chéngshì? 또 어느 도시에 가고 싶으세요?

 한국을 소개하기

1 韩国有很多名胜古迹。
Hánguó yǒu hěn duō míngshènggǔjì. 한국에는 많은 명승고적이 있습니다.

2 白头山是韩国最高的山。
Báitóushān shì Hánguó zuì gāo de shān.
백두산은 한국에서 가장 높은 산입니다.

3 首尔的冬天没有北京冷。
Shǒu'ěr de dōngtiān méiyǒu Běijīng lěng.
서울의 겨울은 베이징만큼 춥지 않습니다.

4 你吃过韩国菜吗?
Nǐ chīguo Hánguócài ma? 한국 요리를 먹어 본 적이 있습니까?

공항에서의 출국 수속은 다음의 순서로 이뤄집니다.
1. 이용하는 항공 회사의 카운터에서 항공권을 제시해 탑승권으로 바꾸고, 항공 수하물이 있으면 맡긴다.
2. 출국 카드를 작성하고, 여권과 탑승권을 제출한 후 출국 심사를 받는다.
3. 기내 수하물은 안전 검사를 받는다.

 탑승 수속

1 我有一件托运行李。
Wǒ yǒu yí jiàn tuōyùn xíngli. 위탁 수하물이 하나 있습니다.

请把行李放上来。
Qǐng bǎ xíngli fàngshànglai. 짐을 올려놓아 주세요.

2 有手提行李吗?
Yǒu shǒutí xíngli ma? 기내 수하물이 있습니까?

有一件。
Yǒu yí jiàn. 하나 있습니다.

3 这是什么?
Zhè shì shénme? 이것은 무엇입니까?

一瓶绍兴酒。
Yì píng Shàoxīngjiǔ. 사오싱주 한 병입니다.

> 주류는 기내 반입이 안 되는 경우가 있으므로 위탁 수하물로 부치거나, 공항에서 일정한 포장을 해서 보내게 됩니다.

对不起。酒不能带上飞机，请托运。
Duìbuqǐ. Jiǔ bùnéng dàishàng fēijī, qǐng tuōyùn.
죄송합니다. 술은 기내에 들고 가실 수 없으니 위탁 수하물로 부치십시오.

4 请给我一个靠窗的座位。
Qǐng gěi wǒ yí ge kào chuāng de zuòwèi. 창가 자리로 해 주세요.

> 靠过道 kào guòdào 통로 측

> 출국 심사 전, 출국 카드를 기입해 둔다.